자바 프로그래밍

기초부터 웹개발 응용까지

최 민 저

충북대학교 출판부

저자 소개

최　민

2011~현재 충북대학교 정보통신공학부 교수

2008~20010 (주)삼성전자 반도체총괄 DS부문 책임연구원

2009 한국과학기술원(KAIST) 공학박사

머 리 말

IT분야 학부 및 대학원에서 자바프로그래밍 분야를 학습하는데 있어 바람직한 학습방향을 제시하고자 하여 이 글을 씁니다. 최근에는 JAVA 언어에 대한 기본 문법을 학습하는 것만으로는 부족하고, JAVA 언어가 널리 활용되고 있는 인터넷 웹/앱 개발 테크닉을 함께 설명하는 실용적인 교재가 필요합니다. 이 책은 이러한 취지에서 학습자들의 눈높이에 맞추어 빠르게 변하는 인터넷 웹/앱 개발 분야 기술 흐름에 맞추어 적절한 학습교재입니다.

이 책에서는 자바 소개, 기본 문법, 메인(main) 메소드, 자바 키워드, 지역변수 선언. 기본 데이터형, Wrapper 클래스, 연산자

연산자(instanceof, short circuit, call by value/reference), 객체의 비교, 형 변환, 예외(exceptiion) 클래스, 오버로딩(overloading)과 오버라이딩(overrriding), 흐름제어(flow control), 예외 처리(try, catch, finally), 내부 클래스(inner class), 가비지 컬렉션(garbage collection),is a/has a 관계, 이벤트(event) 처리, 자바 쓰레드(thread), GUI 컴포넌트(Component), 레이아웃(Layout), 파일 클래스(File Class)와 자바 스트림(Stream), 자바 서버 페이지(Java Server Page)를 활용한 웹 개발 기법, 자바 스프링 프레임워크(Spring Framework)와 MVC 디자인 패턴 등에 대하여 학습합니다.

통상의 자바 프로그래밍 언어 기본서는 자바 프로그래밍 문법 자체에만 치중하는 경향이 있는데, 자칫 학생들이 학습하는 과정에서 어렵고 지루하게 느끼며, 학습의욕의 상실로 이어질 수 밖에 없습니다. 반면, 본서에서는 자바 프로그래밍 문법 중 실용적인 부분위주로 핵심/요약하여 다루고, 자바 응용 프로그래밍(웹 개발 테크닉) 기법을 제시합니다. 스프링 프레임워크(Spring Framework)라 불리우는 자바를 이용한 웹 개발 기법은 현재 실무 웹 개발자들에게 널리 보편화되어 있는 기술이고, 스프링 프레임워크를 학습하지 않고서는 웹 개발 분야에서 실무자로 취업하기도 어려운 현실입니다. 이러한 측면에서, 자바 기본서가 실무 자바 웹개발 기술을 병행하여 학습할 수 있도록 하였는 바, 이론과 실무를 겸비하는 체계적인 자바 언어 학습의 동반자가 될 것으로 기대합니다.

목 차

CONTENTS

1부 자바 기초

자바 언어 기초

학습목표

- 자바 프로그래밍 언어의 기초개념 습득
- 자바 문법 구조 이해
- 자바 언어 구문과 활용 예제 학습

1. 자바란 무엇인가?

자바는 미국 Sun Microsystems에서 설계하고 구현한 프로그래밍 언어로서 C언어나 파스칼과 같은 언어에 비해 비교적 최근에 등장한 언어이다. 처음 시작은 1990년 Sun Microsystems의 James Gosling에 의해 처음 설계되었고 대중의 관심을 끌기 시작한 것은 1995년부터이다. 당초, 가정용 전자 제품에 사용할 수 있는 작은 컴퓨터 언어를 설계하면서, 처음에 C++를 사용하여 운영 체제를 만들려고 시도하였는데 C++의 복잡도로 인하여 실패하였고, Green 프로젝트를 위한 더 나은 언어를 직접 만들게 되는데 이것이 바로 자바이다. 월드 와이드 웹의 등장과 함께 Sun Microsystems사 개발팀은 자바가 인터넷에 연결된 수 많은 다른 컴퓨터들 상에서 잘 실행될 수 있는 프로그램을 작성하는데 적합할 것이라는 사실을 인식하게 되었다. 즉, 그래픽 기반의 월드 와이드 웹(world wide web)이 발표되고 자바의 개발자들은 곧 이러한 웹 기반의 응용 프로그램에는 자바와 같은 기계 중립적인 언어가 이상적이라는 것을 발견하였다. 자바 프로그램이 사용자의 컴퓨터에서 단독으로 실행될 수 있을 뿐 아니라 웹 페이지의 일부로서 다운로드되어 실행될 수도 있는 특성을 가지기 때문이다. 이렇게 인터넷을 통해 자동으로 클라이언트 측 컴퓨터로 다운로드되어 실행되는 자바프로그램을 애플릿(applet)이라 한다. 반면, 웹 페이지와 관련없는 일반적인 형태의 프로그램을 애플리케이션(application)이라 한다.

자바 프로그램은 컴퓨터 시스템에서 실행되는데, 컴퓨터 시스템은 그림1에서 보는 바와 같이 크게 CPU, Memory, I/O로 구성된다. 최근 널리 사용되는 컴퓨터 시스템은 CPU가 명령어를 메모리로부터 하나씩 가져와서 이를 해석/디코딩하고 수행하는 형태로 되어있다.

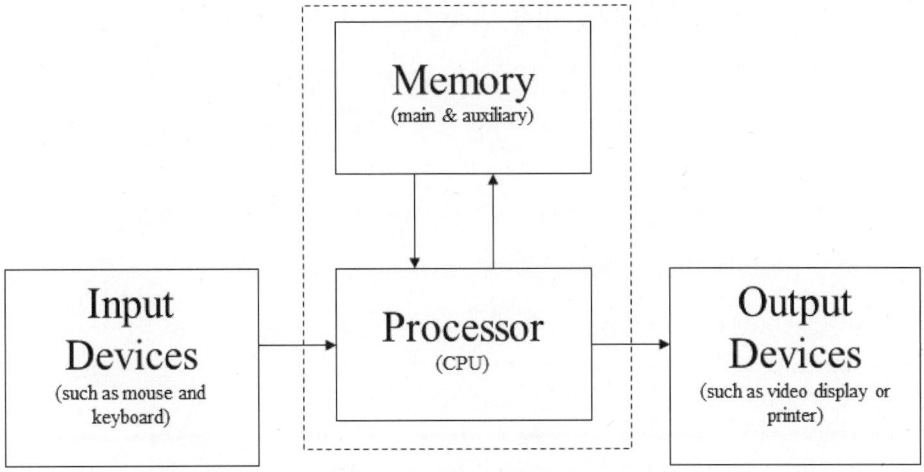

그림 1 컴퓨터 시스템 구성

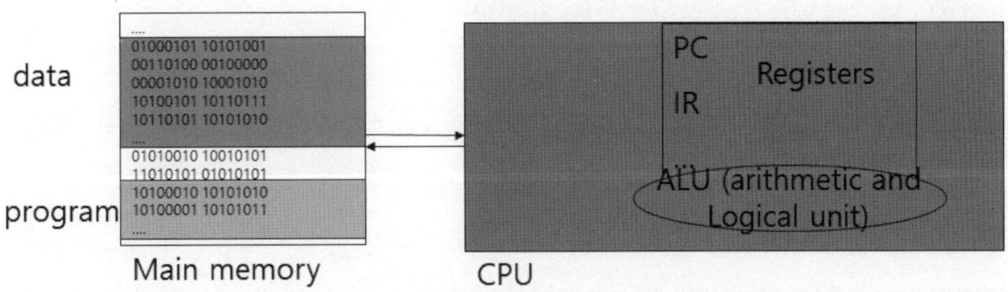

그림 2 CPU와 메인 메모리 간 데이터 교환

자바 언어는 고수준 언어 중 하나로서 인간이 이해하기 편리한 프로그래밍 언어의 한 종류이다. 인터넷 언어로서 자바 언어의 여러가지 특징들을 살펴보면 자바를 왜 배워야 하는지를 잘 이해할 수 있다.

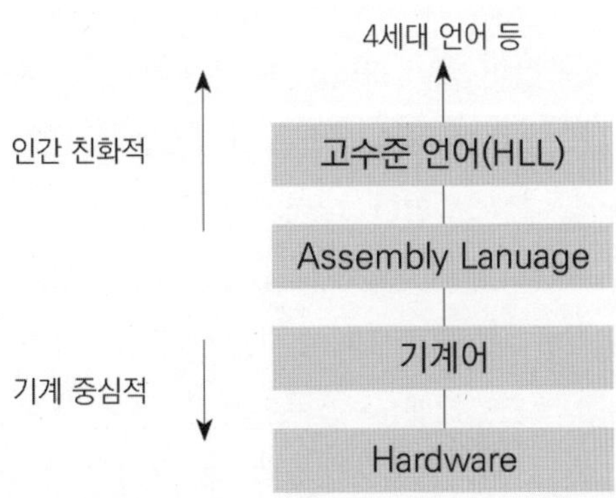

그림 3 프로그래밍 언어 수준과 하드웨어 및 인간 친화도

자바는 객체 지향 언어이다. 객체 지향 언어에서는 프로그램이 객체(object)라 불리우는 모듈을 통해 프로그램을 작성한다. 이들 객체는 복잡한 프로그램을 작성할 수 있게 해주는 일종의 빌딩블럭으로서 데이터와 그 데이터에 대한 행위를 함께 그룹화한 것이다.

자바는 배우기 쉽고 사용하기 편리한 프로그래밍 언어이다. 자바로 작성된 프로그램은 어떠한 종류의 컴퓨터에서도 실행할 수 있다. 즉, PC를 위해 작성되고 쓰여진 자바 프로그램을 Sun Workstation에서 실행하기 위해서 소스코드를 수정하거나 다시 컴파일 할 필요가 없다는 의미이다.

단순성 : 자바는 C++언어와 유사한 문법구조를 가지면서도 C++의 복잡한 포인터 개념과 메모리 관리문제를 자바 가상 기계(Java virtual machine)가 처리한다. 따라서, 프로그래머 입장에서 자바는 배우기 쉬우면서도 강력한 언어인 셈이다.

구조 중립성 : 자바 프로그램은 플랫폼 독립적이다. 자바 프로그램은 자바 가상 기계가 지원되기만 하면 어떤한 운영체제에서도 실행될 수 있다. 소프트웨어 회사들은 보통 프로그램을 개발할 때 자사의 프로그램이 여러 플랫폼에서 사용될 수 있도록 각각 다른 운영체제에 기반하는 프로그램들을 별도록 작성한다. 그러나, 자바를 사용하여 작성된 프로그램은 구조 중립적이므로 한번 작성한 프로그램이 어느 플랫폼에서나 실행가능하므로 이와 같은 수고를 덜어줄 수 있다.

이식성 : 구조 중립적이라는 점 이외에도 자바는 응용 프로그램 개발을 손쉽게 하기 위한 다른 이식성에 관한 문제를 해결한다. A와 B의 다른 두 시스템이 있다고 가정할때, A시스템에서는 정수형, 실수형의 데이터 타입을 제공한다고 하자. 반면, B시스템에서는 정수형, 실수형 뿐만아니라 문자열형이라는 새로운 데이터 타입을 제공한다고 하면 B시스템에서 실행될 것을 염두에 두고 실행된 프로그램을 A시스템에서도 실행되도록 하려면 B시스템에서 사용하는 문자열형에 대한 특별한 대비가 있어야 할 것이다. 또한 A시스템에서는 정수형 데이터를 16비트로 표현하는데 반해 B시스템에서는 정수형 데이터를 32비트로 표현하는 경우 A시스템의 정수형 데이터 두개로 B시스템의 정수형 데이터를 표현해던지 해야 할 것이다. 자바로 작성된 프로그램은 컴파일시에 어떤 특정시스템이 아닌 자바 가상 머신을 위한 바이트 코드를 생성하므로 이식성 문제를 걱정할 필요가 없다.

견고성 : 자바 프로그램은 다른 언어들로쓰여진 프로그램과는 달리 상당히 견고하다. 견고하다는 것은 프로그래머의 실수로 인해 발생할 수 있는 프로그래밍 에러로 인해 이 프로그램을 실행하는 시스템에 나쁜 영향을 미치지 않는다는 것이다.

뿐만 아니라, 자바기술을 직접 개발한 선 마이크로시스템즈에서 자바 프로그래밍 언어에 관련된 지식을 표준화된 방식으로 검증해 주는 시험도 존재한다. 2010년 이전까지는 선 마이크로시스템즈(Sun Microsystems)라는 회사에서 주관

선마이크로시스템즈(Sun Microsystems)사가 오라클(Oracle)로 인수가 되면서 자격증 명칭도 SCJP에서 OCJP로 변경되었다. 시험 주관사도 프로메트릭(Prometric)에서 피어슨뷰(PearsonVUE)로 변경돼 피어슨뷰 등의 CBT 시험센터에서 응시가능하다.

그림 4 OCJP / OCP 자격증 예시

최근에는 IT 기업들이 JAVA 프로그래머 등 인력을 모집하기 위해 상당한 노력을 기울이고 있다. 심지어는 입사시 보너스를 제공하거나 심지어 아파트를 제공한다는 등의 인센티브를 제시하기도 한다.

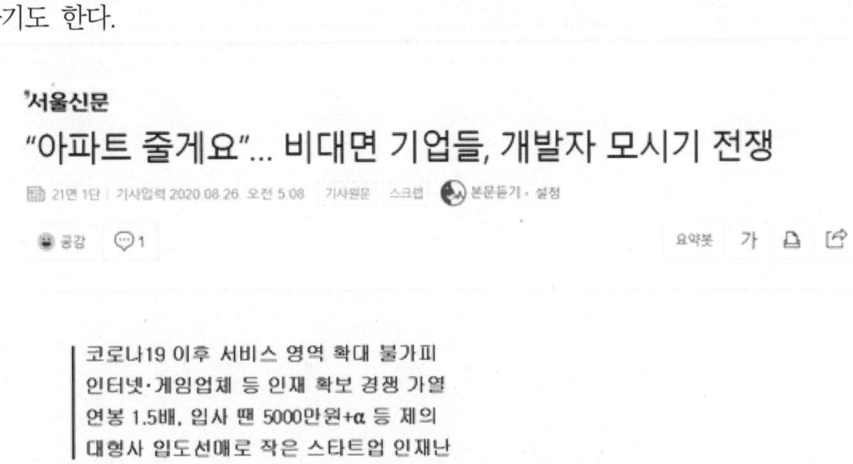

서울신문

"아파트 줄게요"... 비대면 기업들, 개발자 모시기 전쟁

21면 1단 | 기사입력 2020.08.26. 오전 5:08 기사원문 스크랩 본문듣기 · 설정

공감 1 요약봇 가

코로나19 이후 서비스 영역 확대 불가피
인터넷·게임업체 등 인재 확보 경쟁 가열
연봉 1.5배, 입사 땐 5000만원+α 등 제의
대형사 입도선매로 작은 스타트업 인재난

그림 5 자바개발자 구인 동향1

모 대기업 계열사에서도 다음과 같이 JAVA 프로그래밍 전문가를 채용하고자 공고하였는데, 이를 통해 JAVA 프로그래밍 언어는 더 이상 범용 컴퓨터에서 동작하는 프로그램 이상으로 다양한 플랫폼에서 실행되는 전문가용 프로그래밍 언어라는 점을 인식하게 한다.

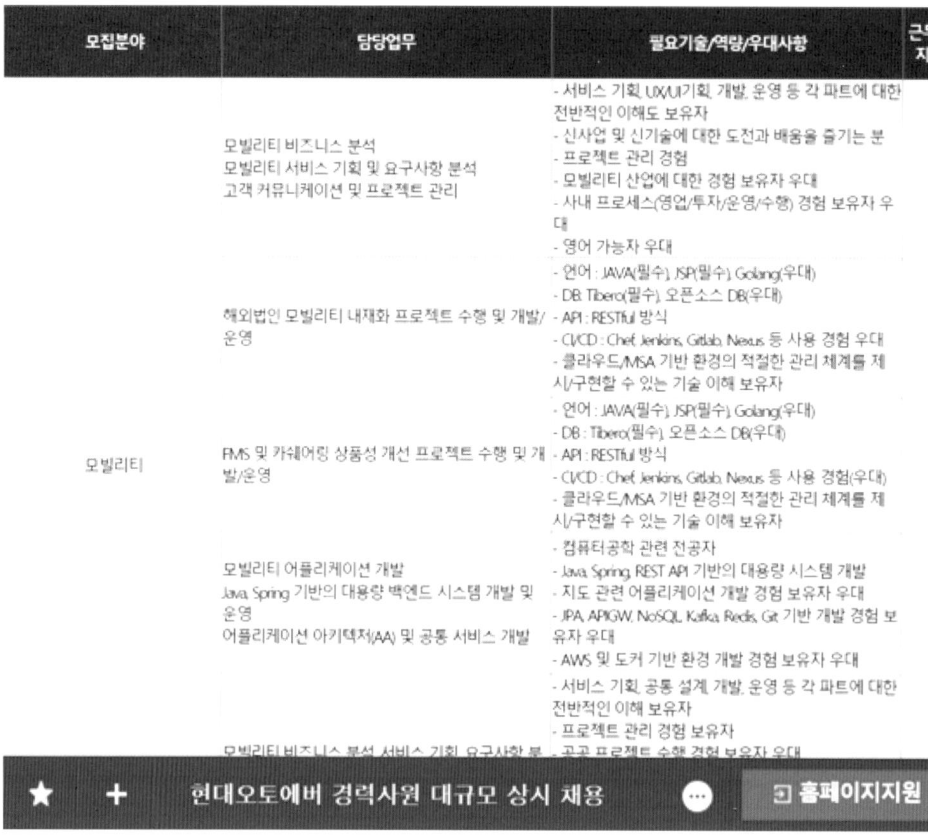

모집분야	담당업무	필요기술/역량/우대사항	근무지
모빌리티	모빌리티 비즈니스 분석 모빌리티 서비스 기획 및 요구사항 분석 고객 커뮤니케이션 및 프로젝트 관리	- 서비스 기획, UX/UI기획, 개발, 운영 등 각 파트에 대한 전반적인 이해도 보유자 - 신사업 및 신기술에 대한 도전과 배움을 즐기는 분 - 프로젝트 관리 경험 - 모빌리티 산업에 대한 경험 보유자 우대 - 사내 프로세스(영업/투자/운영/수행) 경험 보유자 우대 - 영어 가능자 우대	
	해외법인 모빌리티 내재화 프로젝트 수행 및 개발/운영	- 언어 : JAVA(필수), JSP(필수), Golang(우대) - DB: Tibero(필수), 오픈소스 DB(우대) - API : RESTful 방식 - CI/CD : Chef, Jenkins, Gitlab, Nexus 등 사용 경험 우대 - 클라우드/MSA 기반 환경의 적절한 관리 체계를 제시/구현할 수 있는 기술 이해 보유자	
	FMS 및 카쉐어링 상품성 개선 프로젝트 수행 및 개발/운영	- 언어 : JAVA(필수), JSP(필수), Golang(우대) - DB : Tibero(필수), 오픈소스 DB(우대) - API : RESTful 방식 - CI/CD : Chef, Jenkins, Gitlab, Nexus 등 사용 경험(우대) - 클라우드/MSA 기반 환경의 적절한 관리 체계를 제시/구현할 수 있는 기술 이해 보유자	
	모빌리티 어플리케이션 개발 Java, Spring 기반의 대용량 백엔드 시스템 개발 및 운영 어플리케이션 아키텍처(AA) 및 공통 서비스 개발	- 컴퓨터공학 관련 전공자 - Java, Spring, REST API 기반의 대용량 시스템 개발 - 지도 관련 어플리케이션 개발 경험 보유자 우대 - JPA, APIGW, NoSQL, Kafka, Redis, Git 기반 개발 경험 보유자 우대 - AWS 및 도커 기반 환경 개발 경험 보유자 우대	
	모빌리티 비즈니스 분석 서비스 기획 요구사항 분	- 서비스 기획, 공통 설계, 개발, 운영 등 각 파트에 대한 전반적인 이해 보유자 - 프로젝트 관리 경험 보유자 - 공공 프로젝트 수행 경험 보유자 우대	

현대오토에버 경력사원 대규모 상시 채용 홈페이지지원

그림 6 자바개발자 구인 동향2

2. 자바 프로그램의 실행

여러분이 사용하는 이클립스(eclipse) 자바 개발 환경은 통합 개발환경(IDE : Integrated Development Environment)으로서 자바 가상머신과 관련된 설정만 해주면 자바 프로그램을 정해진 기능키(예를들면 F7)를 사용하여 간단하게 실행할 수 있다.

그러나 이클립스와 같은 통합개발환경이 제공되지 않던 과거에는 단순히 에디터와 도스창에서 실행하는 JDK(Java Development Kit)만을 사용하여 자바 프로그램을 개발 및 실행하는 경우가 많았다. 이 때에 비하면 현재의 안드로이드, JSP 등의 자바 개발환경은 엄청난 발전을 이룬 셈이다.

컴파일(Compile)

자바 프로그램이 여러분들의 컴퓨터에서 실행되기 위해서는 반드시 컴파일과정을 거쳐야 한다. 컴파일이란 프로그램을 실행될 수 있는 중간형태로 변환하는 과정이다. 우리가 보는 소스코드형태로는 컴퓨터가 이 자바 프로그램을 실행할 수 없다. 컴파일러는 입력으로 자바 프로그램을 받아들이고 출력으로는 가상의 컴퓨터인 자바 가상 머신에 적합한 명령어세트를 돌려준다. 즉, 컴파일과정을 마친 후에는 여러분들이 사용하는 컴퓨터가 어떤 종류이든지 관계없이 자바 가상 머신에 적합한 명령어 세트인 바이트 코드로 프로그램이 바뀐다.

컴파일러는 코드 번역 기능 뿐만 아니라 컴파일과정에서 작성된 프로그램에 문법적 오류가 존재하는지도 검사한다. 만약 어떠한 종류의 오류라도 발견되면 에러를 표시하고 컴파일과정을 중단한다. 따라서, 여러분들은 이 때 입력한 프로그램을 다시 훑어보면서 잘못입력한 부분이 있는지 혹은 문법적으로 틀린부분이 있는지를 확인해보아야 할 것이다.

이제부터는 실제로 자바프로그램의 컴파일 과정에 대하여 살펴보도록 하겠다. JDK가 제공하는 자바 프로그램 컴파일러는 도스창에서 동작한다.(도스창에서 동작은 하지만 옛날 MS-DOS 운영체제에서는 실행되지 않는다. 윈도우의 “한글 MS-DOS” 혹은 “명령 프롬프트” 메뉴를 선택하여 도스창을 열어 실행하여야 한다.) 여러분들이 작성한 프로그램의 소스코드 HelloWorld.java가 C드라이브의 example디렉토리에 존재한다고 하자. 자바 프로그램을 컴파일하기 위한 명령은 javac입니다. 일단, C드라이브의 example디렉토리까지 이동을 한 뒤에 HelloWorld.java프로그램을 컴파일 하기 위하여 다음과 같은 명령을 입력한다.

```
javac HelloWorld.java
```

다음 그림 7은 도스창에서 위와 같은 컴파일 명령을 입력했을때 에러없이 무사히 컴파일 완료된 상황을 보여주고 있다. 컴파일 과정에서 아무런 오류도 발생하지 않는 경우 화면에 아무런 메시지도 나타나지 않는다. 컴파일 결과 생성된 파일은 HelloWorld.class라는 이름의 자바 바이트 코드(Byte code)로서 에디터로 읽어보더라도 우리가 알아볼 수 없는 이상한 문자들만 나온다. 컴파일 후의 파일은 텍스트 파일이아니기 때문이다.

그림 7 도스창에서 javac을 이용하여 컴파일하기

프로그램 실행하기

자바 바이트 코드형태로 저장된 프로그램은 실행시에 컴퓨터의 메모리로 로드되며 이를 인터프리터가 읽어 번역한다. 인터프리터는 바이트코드를 한번에 한 라인씩 읽어서 해당 머신에서 직접 실행될 수 있는 명령어로 변환한다. 이와같은 기능을 하는 자바 인터프리터(자바 가상머신)는 각 운영체제마다 따로 존재한다. 따라서, 여러분들은 단지 http://java.sun.com사이트에 들어가 여러분들의 운영체제에 적합한 JDK를 다운로드하여 설치하기만 하면 된다. 각 운영체제에 맞는 인터프리터(자바 가상 머신)을 Sun에서 미리 개발해 두었기 때문이다. 인터프리터가 읽어들이는 바이트 코드는 .class라는 확장명을 갖는다. JDK에서 제공하는 인터프리터는 java라는 이름을 갖는다. 따라서, HelloWorld.class파일을 실행하기 위해서는 다음과 같은 명령을 입력한다.

```
java HelloWorld
```

초보 자바 프로그래머들이 자주하는 실수로는 자바 프로그램을 실행할 때에 java Hello World.class와 같이 입력하는 경우이다. 자바 프로그램을 컴파일할 때와는 달리 자바 프로그램을 실행할 때에는 바이트코드의 확장자명까지 써주어서는 안된다. 확장자(".class") 부분은 반드시 생략해 주어야 한다.

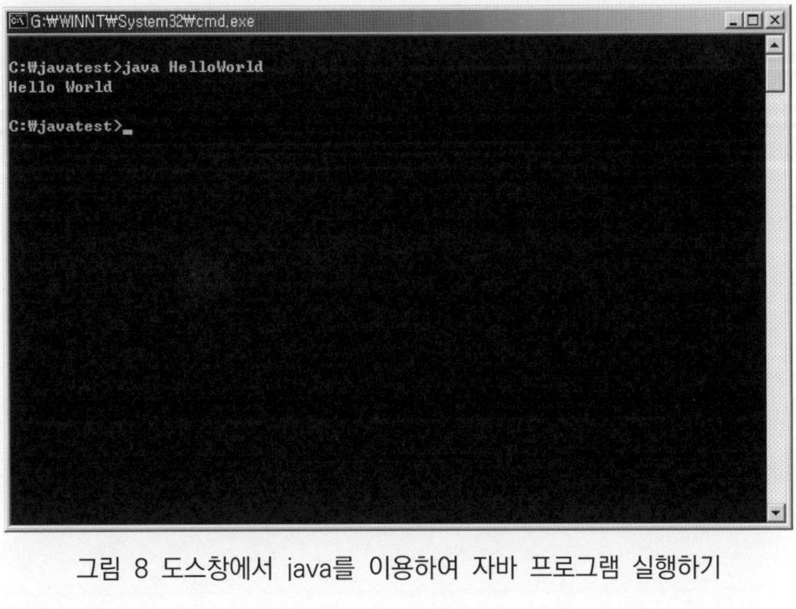

그림 8 도스창에서 java를 이용하여 자바 프로그램 실행하기

최근 자바개발환경은 Eclipse 통합개발환경 중심으로 활용되고 있으며, JDK와 함께 설치하여 사용할 수 있다.

JDK(Java Development Kit)

JDK는 JRE에 추가로 자바 프로그램을 개발하는데 필요한 컴파일러, 디버거와 같은 명령어행 개발 도구를 추가한 것이다.

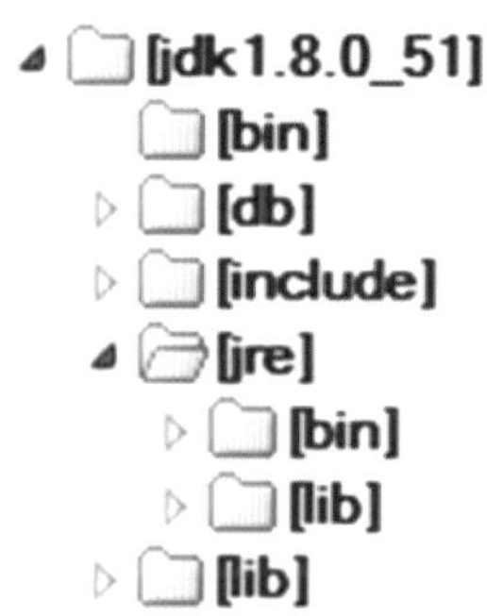

그림 9 자바개발키트 설치 후 디렉토리 구조

이클립스는 다양한 플랫폼에서 쓸 수 있으며, 자바를 비롯한 다양한 언어를 지원하는 프로그래밍 통합 개발 환경을 목적으로 시작하였으나, 현재는 OSGi를 도입하여, 범용 응용 소프트웨어 플랫폼으로 진화하였다. 자바로 작성되어 있으며, 자유 소프트웨어이지만 막강한 기능을 자랑한다. 2004년과 2005년 졸트 어워드(Jolt Award)를 수상했다. 식(蝕)을 뜻하는 이클립스란 이름은 자바를 개발한 회사의 SUN(재단)이란 이름을 염두에 두었다는 말도 있어 2003년도에 썬 마이크로시스템즈는 이클립스 재단에 참여하지 않았던 이유 중의 하나였지만 2005년도에 열린 EclipseCon의 키노트에서 Lee Nackman은 그 목적은 원래 마이크로소프트와 비주얼 스튜디오 생태 시스템을 겨냥한 것이었다고 한다. 원래 IBM의 웹스피어 스튜디오 애플리케이션 디벨로퍼(WebSpheare Studio Application Developer)란 이름으로 개발되었던 것인데, 엔진부분을 오픈소스로 공개한 것을 기반으로 지금의 이클립스로 발전해 왔다. 이클립스는 C/C++ 개발자용, 자바 개발자용, 웹 개발자용 등등) 다양한 배포판이 존재한다.

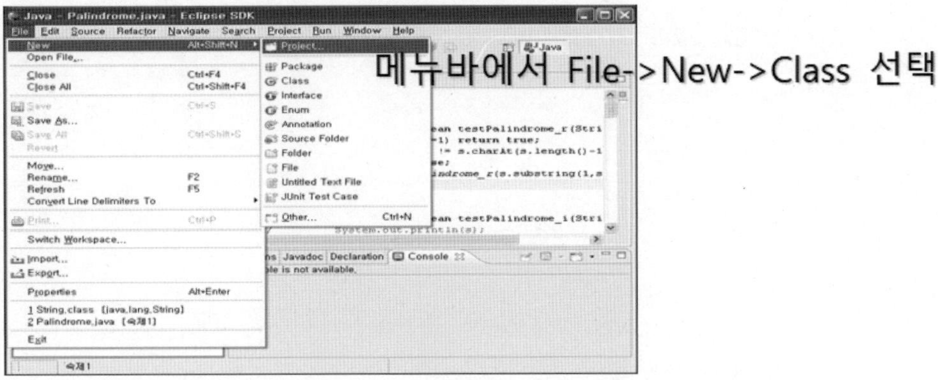

그림 10 이클립스(eclipse) 개발환경 프로젝트에서 자바 클래스파일 추가

일반 사용자를 위한 자바 프로그램 실행환경은 JRE(Java Runtime Environment)라 불리우는데, 자바 프로그램을 수행하기 위한 가상머신과 관련 라이브러리로 구성되어 있다.

JRE(Java Runtime Environment)

JRE는 자바 프로그램을 실행하기 위한 라이브러리, 자바 가상 기계, 기타 컴포넌트들을 제공한다.

3. 자바 프로그램 작성하기

자바 프로그램을 입력하고 디스크에 저장하기 위해서는 별도의 에디터(editor) 프로그램이 필요하다. 물론 자바 프로그래밍을 위한 통합 개발 환경 (IDE : Integrated Development environment)으로 몇몇 회사에서 발표한 프로그램들이 존재한다.

그러나, 일반적으로 상당수의 자바 개발자들은 단지 에디터와 JDK(Java Development Kit)만으로 자바 프로그램을 개발하는 경우가 많다. 따라서, 이 책에서는 여러분들이 지금 당장 사용할 수 있는 에디터인 메모장(Notepad)을 사용하여 자바 프로그램을 작성해 보겠다. 아래 프로그램은 "Hello world"라는 문자열을 출력하는 간단한 프로그램이다.

```
// the first program "Hello World"

public class HelloWorld {
    public static void main(String[] args) {
        System.out.println("Hello World");
    }
}
```

실행결과는 다음과 같다.

```
Hello World
```

위의 자바 프로그램을 파일로 저장할 때에는 HelloWorld.java라는 이름을 갖도록 해주어야 한다.(이때 대소문자 구별까지 정확히 해주어야 한다.)

이제 이 프로그램이 어떻게 하여 화면에 “Hello World”라는 문자열을 출력하는지 자세히 살펴보도록 하겠다.

먼저 앞의 //으로 시작하는 부분은 자바프로그램에서 주석(comment)을 의미한다. 주석은 프로그램의 실행과는 관계없이 프로그래머의 이해를 돕기 위해서 코드에 대한 설명을 넣는 부분이다. 따라서, 컴파일시에 주석에 해당하는 라인은 모두 무시된다.

public class HelloWorld { 부분은 프로그램의 실제 시작부분이다. 원래 자바 프로그램은 하나 또는 그 이상의 클래스로 구성되는데 위의 예제 프로그램에서는 HelloWorld라는 오직 하나의 클래스만 존재하는 경우이다. 이와 같이 프로그램이 단일 클래스로 구성되는 경우 클래스의 이름(HelloWorld)은 프로그램의 이름과 같아진다.

클래스 이름뒤에 나타나는 왼쪽 중괄호는 프로그램의 시작을 나타낸다. C언어 혹은 C++언어 같은 여타의 다른 언어들과 마찬가지로 자바프로그램 소스코드에서도 들여쓰기(indentation)는 중요한 역할을 한다. 위 소스코드에서 보는 바와 같이 각 왼쪽 중괄호를 포함하는 문장의 시작부분에 아랫 부분의 오른쪽 중괄호를 일치시켜야 한다. 코드를 한눈에 보고 이해할 수 있도록 하려면 소스코드에서의 들여쓰기를 잘 하는것이 매우 중요하다. 들여쓰기의 중요성은 초보 프로그래머에게 있어서는 잘 이해가 되지 않는 부분중의 하나이지만 경험이 쌓여갈 수록 그 중요성을 실감하게 된다.

다시 HelloWorld코드로 돌아와서, public static void main(String[] args)부분은 꽤 복잡한 용어들이 나열되어 있다. 여기서는 일단 자바 프로그램이 대부분 이렇게 시작 한다고 기억해 두기로 한다.

다음은 System.out.println(“Hellow World”); 부분이다. 이 문장에서 사실상 이 프로그램이 하고자 하는 작업인 화면에 문자열을 출력하는 기능을 수행한다. System.out은 메시지를 디스플레이하기 위한 표준 출력을 의미한다.

println은 출력을 실행하는 메소드(method)이다. 메소드는 일단은 일종의 함수라 생각해 두기로 한다.(메소드 개념에 대해서는 뒷부분에서 자세히 설명을 할 것이다. 현재로서는 예제 프로그램의 자세한 것을 분석하는 것 보다 프로그램의 큰 줄기만 파악하고 넘어가는 편이 더 도움이 된다.) println은 화면에 문자열을 출력한 뒤 다음줄로 커서를 옮기는 명령이다. 자바 프로그램에서 모든 문장은 세미콜론(semicolon)으로 마쳐야 한다. 세미콜론을 써주지 않는다면 해당 문장의 다음문장까지 한 문장으로 인식해서 에러를 유발하게 된다.

만약 소스파일에 두 개 이상의 클래스를 선언하는 경우가 있는데, 이 경우 public 클래스는 반드시 하나만 존재하여야 합니다. 다음 예제는 컴파일시 에러가 발생하는 경우인데, public 클래스는 한 파일에 하나밖에 올 수 없다는 것을 확인합니다.

```
public class Bank {
    public static void main(String[] args) {
        Account client = new Account();
                client.printInfo();
    }
}

public class Account {
    void printInfo() {
        System.out.println("계좌정보");
        System.out.println("고객이름");
    }
};
```

4. 변수(variable)

4.1 변수의 선언

자바 프로그램은 크게 변수를 선언하는 부분과 명령어의 두 부분으로 나눌 수 있다. 변수 선언은 명령어가 사용하는 데이터 형식에대한 기술을 하므로 반드시 그 변수를 사용하는 명령어에 앞서 위치해야 한다.

비록 변수 선언이 프로그램의 어느 곳에서나 가능하지만(그 변수가 사용되는 명령어보다는 앞서는 제약조건 내에서) 가능하다면 변수선언을 프로그램의 첫 부분에서 한꺼번에 하는 것이 좋다.(물론 이때 주석을 적절히 활용하여 나중에 보아도 이해하기 쉽도록 하여야 한다.)

변수란, 자바 프로그램에서 명령어에 의해서 변경될 수 있는 데이터(data)이다. 변수 선언 방법은 다음과 같다.

```
변수형 변수이름
변수형 변수이름1, 변수이름2, ...;

예 :

int i;
int i, j, k;
```

첫번째 예는 정수형 변수 i에 대한 변수 선언을 보여준다. 또, 한번에 여러개의 변수를 동시에 선언할 수도 있다. 두번째 경우가 바로 정수형 변수 i, j, k의 선언을 동시에 한 것이다.

지역변수는 메소드가 수행되는 동안 임시 기억장소로 이용되는 변수로서, 객체가 활동하는 시간동안 상태가 유지되는 멤버변수와는 달리, 지역변수는 메소드가 수행되는 동안만 잠시 활성화되었다가 메소드가 끝나는 즉시 제거되는 특성이 있다. 따라서, 외부에서는 메소드 내의 지역변수를 액세스할 수 없으며, 당연히 지역변수는 제한자가 없다.

반면, 인터페이스는 클래스처럼 메소드와 멤버변수를 가지지만 모든 메소드가 선언만 되어 있고 구현은 되어있지 않은 특별한 형태이다.

4.2 변수 초기화

일단 변수가 선언되면 그 변수에 데이터를 저장할 수 있다. 변수 초기화란 변수에 처음으로 값을 대입하는 것이다. 변수가 선언된 직후에는 그 변수에 예상할 수 없는 임의의 값이 들어가게 된다. 따라서, 이런 변수를 그냥 사용하게 되면 여러분들이 작성하는 프로그램이 예상치 않은 방향으로동작할 수 있다. 다시 말해서, 프로그램에서 변수를 사용하는 거의 모든 경우에 변수 초기화를 한 다음 사용한다고 보면 된다. 그렇지 않으면 컴파일시에 경고(warning)메시지가 발생하는 경우도 있으며 심지어는 해당 자바 프로그램에 논리적 에러가 발생할 수 있다. 다음과 같은 방법으로변수에 어떤 값을 대입할 수 있다.

```
변수이름 = 값
변수형 변수이름 = 값

예 :

i = 5;
int i = 0;
```

또한, 두번째 예제에서와 같이 변수초기화를 변수 선언과 동시에 할 수 있다. 이렇게 변수에 특정한 값을 대입하기 위해 사용되는 등호(=)를 대입 연산자(assignment operator)라고 부른다.

4.3 변수형(types)

프로그램의 코드는 물론 프로그램이 사용하는 모든 데이터(변수)는 실행시에 컴퓨터의 메모리에 저장된다. 컴퓨터의 메모리는 최소 단위가 비트(bit : 0과 1)로 되어 있으며 비트가 모여 바이트(byte : 8개의 비트)를 구성한다.

자바에서 변수 형은 이 변수가 어떤 종류의 데이터를 저장할 것인지를 미리 알리기 위한 것으로 그 데이터가 메모리에 저장되기 위해서는 얼마나 큰 공간이 필요한지 나타낸다. 자바에서 변수형은 다음과 같이 byte, short, int, long, float, double, char, boolean의 8가지 종류가 있다.

변수형	크기	범위
int	32비트	-2^{31} ~ $2^{31}-1$
short	16비트	-2^{15} ~ $2^{15}-1$
byte	8비트	-2^{7} ~ $2^{7}-1$
long	64비트	-2^{63} ~ $2^{63}-1$
float	32비트	$1.40*10^{-45}$ ~ $3.40*10^{38}$
double	64비트	$4.94*10^{-324}$ ~ $1.79*10^{308}$

예 :

```
double dx = 0.0d, dy = 1.0d;
int i = 2, j = 55;
boolean flag = false;
float result = 32.6f;
char ch = 'z';
long lvalue = 0L;
short s = 67
byte b = 29
```

위의 예에서 숫자 뒤에 붙는 'd', 'f', 'L' 등의 문자는 어느 변수형에 적합한지를 알려주기 위하여 사용하는 기호이다. 실제로 f = 5.6; 이라고만 써 주면 컴파일러는 이 값을 float형 변수에 대입해야 할지, double형 변수에 대입하여야 할지, 혹은 long형 변수에 대입해야 하는지 프로그래머의 의도를 알 수 없다. 기본적으로 자바프로그램은 아무런 지정이 없는 경우 디폴트로 double형에 대입하게 된다. 이를 방지하기 위해서 프로그래머가 직접 어떤 변수형으로 대입하라는 것을 위의 'd', 'f', 'L' 등의 문자를 사용하여 지정할 수 있다.

IEEE 표준에 따라서 실수, 지수(exponent)식으로 표현 : 12. 또는 12.0, .1234 또는 0.1234 또는 1234E-4

숫자 뒤에 f(float)나 d(double)을 명시적으로 붙여서 표현하는 경우 :

① 0.1234 또는 0.1234D 또는 0.1234d → double 타입,
② 0.1234f 또는 0.1234F → float 타입
③ 1234D 또는 1234d → 1234.0과 같으며 double 타입
④ 1234F 또는 1234f → 1234.0과 같으며 float 타입
⑤ 실수타입 리터럴은 디폴트로 double 타입 처리

컴퓨터 내부에서 숫자는 각 변수형별로 미리 정해놓은 갯수의 비트들로 표현된다. int형의 경우 32개의 비트를 사용해 변수값을 표시한다. 즉, 정수 28은 메모리상에 00000000000000000000000000011100와 같이 저장된다.

위의 표에서 int형 데이터형에서 표현할 수 있는 양수의 최대 크기가 2^31-1인 이유는 현재 여러분이 사용하는 컴퓨터에서 수를 표현하는 방식 때문이다. 현대 컴퓨터에서는 2의 보수(two's complement)라는 수 체계(number system)를 사용하기 때문에 흔히들 쉽게 생각하는 정수형 양의 최대수가 11111111111111111111111111111111이 될 수 없다. 정수형에서 가장 왼쪽 비트는 양수인지 음수인지를 표시하는 부호비트(sign bit)인데 1일때 음수를 0일때 양수를 나타낸다. 따라서, 01111111111111111111111111111111(2^31-1)이 정수형에서 표현할 수 있는 최대 양수가 된다.

4.4 리터럴(literal)

프로그램에서 변수에 대입하는 변수의 값을 리터럴이라 부른다. 예를 들어, 아래와 같이 정수형 변수를 초기화하는 부분에서

```
int i = 5;
```

변수 i에 대입하는 5라는 값을 리터럴이라 부른다.
null 리터럴은 어떠한 레퍼런스 타입의 값으로도 사용 가능하다. 예를들어,

```
int n = null;     // 기본 데이터 타입에는 사용 불가
String str = null;
```

으로 사용할 수 있으며, 문자열 리터럴은 통상 이중 인용부호로 묶어서 표현한다. 예를들어,

"Good", "Morning", "자바", "3.19", "26", "a"

과 같이 표현하는데, 자바에서 문자열은 객체이므로 기본 타입이 아님을 구분한다. 자바에서 문자열 리터럴은 String 객체 형태로 생성 및 사용된다.

```
String toolName="JDK";
```

```
toolName + "2"                          -> "JDK 2"
"(" + 3 + "," + 5 + ")"        -> "(3,5)"
System.out.println(toolName + " 가 출시됨"); // "JDK 2가 출시됨" 출력
```

아래 표는 각 변수형별 리터럴의 예를 들어보았다.

변수형	리터럴
int	0 57 1190
double	15.0 15. 1.5el 1.5e+l .15e2 480e-1
boolean	true false
char	'a' 'r' '8' '.' '$' 'u????'
String	"This is a string literal"

더블(double)형에서 e(exponent)는 10을 곱한다는 뜻을 의미한다. 리터럴은 대개 변수를 초기화하는 부분에서 사용된다. 그리고 위의 표 char 변수형에 대한 리터럴에서 'u????'은 유니코드(unicode) 문자를 의미하며 '?'는 16진(hexadecimal digit)값이란 뜻이다. 자바에서는 문자 리터럴이 유니코드 문자로 표현될 수 있습니다. 다음 표는 출력가능한 문자들의 유니코드 값 중 일부를 보여준다.

유니코드	문자	유니코드	문자	유니코드	문자
0020	space	0040	@	0060	'
0021	!	0041	A	0061	a
0022	"	0042	B	0062	b
0023	#	0043	C	0063	c
0024	$	0044	D	0064	d
0025	%	0045	E	0065	e

그리고 C언어에서와는 달리 자바에서는 String 변수형을 통해 문자열형 리터럴을 지원한다. 따라서, 문자열을 저장하기 위하여 문자열형(char)의 배열을 사용할 필요가 없다.

4.5 식별자(Identifiers)

프로그래머가 프로그램 작성시 필요에 의해 선택하는 이름을 식별자(Identifier)라고 한다. 자바 프로그래밍을 하다보면 변수 혹은 프로그램을 위한 이름을 붙여야 할 경우가 자주 있는데 이때 적용되는 규칙은 다음과 같다.

- 대소문자를 구별한다.
- 식별자의 길이는 무관하다.
- 식별자는 문자 또는 언더스코어(underscore : _)로 시작한다.
- 식별자는 문자(대문자 혹은 소문자)를 포함해야 한다.

위의 조건을 만족하는 어떠한 문자열도 식별자가 될 수 있으나 자바에서 키워드(Keyword)라 정의한 몇몇 문자열과 일치하는 것은 식별자로 사용할 수 없다. 예를들어, int나 double같은 문자열은 자바 변수형을 나타내므로 이를 식별자로 사용할 수 없다는 이야기 입니다. 아래 표는 자바 키워드들을 보여준다.

abstract	continue	for	new	switch
assert	default	if	package	synchronized
boolean	do	goto	private	this
break	double	implements	protected	throw
byte	else	import	public	throws
case	enum	instanceof	return	transient
catch	extends	int	short	try
char	final	interface	static	void
class	finally	long	strictfp	volatile
const	float	native	super	while

5. 연산자(Operater)

연산자는 프로그램에서 있을 수 있는 가장 기본적인 명령어 중의 하나로 단항 연산자, 이항 연산자로 구분할 수 있다.

이항 연산자	단항 연산자
*	+
/	−
+	
−	
%	

이항연산자(binary operator)란 두개의 오퍼랜드(operand)를 취하는 연산자이다. 쉽게 떠올릴 수 있는 예로 사칙연산자가 있다.

```
5 + 4 = 9
7 - 3 = 4
10 / 2 = 5
3 * 7 = 21
```

나머지 하나의 이항연산자는 모듈라(modulo) 연산이다. 이 연산은 나눗셈의 나머지(remainder)를 것으로 예를들면, 13 % 3 = 1의 결과를 반환한다. 일반적으로 모듈라 연산은 정수값 오퍼랜드를 주로 사용하지만 자바에서는 실수값 오퍼랜드를 사용할 수도 있다.

단항연산자(unary operator)는 오퍼랜드를 하나만 취하는 연산자이다. 덧셈(+)과 뺄셈(-)연산자는 이항연산자 뿐만 아니라 단항연산자로도 사용될 수 있다. 단항연산자는 이항연산자보다 우선순위가 높다. 따라서, 한 수식에 단항연산자와 이항연산자가 함께 섞여 있으면 컴파일러는 항상 단항연산자를 먼저 계산한 후에 이항연산자를 계산한다. 단항연산자가 사용되는 예를 들어보면 다음과 같다.

```
-(7)
+(7)
8 * -(2*7)
```

자바는 음수 리터럴을 가지고 있지 않기 때문에 양수 리터럴에 뺄셈 단항연산자를 결합하면 음수 리터럴을 만들 수 있다. 양수 리터럴에 덧셈 단항연산자를 결합하는 경우도 가능하지만 +(7)은 양수 7과 같으므로 이렇게 사용하는 것은 별 의미가 없다.

5.1 우선순위(precedence)와 결합성(Associativity)

연산자 우선순위는 서로 다른 연산자들 사이의 수행 순서를 의미한다. 즉, 3 + 9 * 7 의 계산 결과가 (3 + 9) * 7 = 84 인지 아니면 3 + (9 * 7) = 66 인지를 정하는 것이다. 일반적으로 수학에서는 곱셈 · 나눗셈 연산자가 덧셈 · 뺄셈 연산자에 비해서 우선순위를 갖고 있다. 자바 언어에서도 마찬가지이다. 따라서, 위의 식은 3 + (9 * 7) = 66이 옳은 답이다.

우선순위 개념이 일반적으로 수학에서 사용되는 개념과 유사하기 때문에 이해하기가 그다지 어렵지 않다. 그러나, 자바 언어는 우리에게 생소한 연산자도 가지고 있으므로 이 부분에 대해서는 조금 집중을 해야 할 것이다. 3 + 9 % 7 의 값은 어떨까요? 자바 언어에서 모듈라(modulo) 연산의 우선순위는 곱셈이나 나눗셈과 같다. 따라서, 3 + (9 % 7) = 5 이다.

결합성은 같은 우선순위의 연산자가 두 개 이상 연속적으로 나올 때, 이들 사이의 우선순위를 의미한다. 3 + 9 * 7 - 8 의 식을 예를들어 보면 곱셈이 덧셈에 비해 우선순위가 높으므로 3 + (9 * 7) - 8 과 같이 계산한다. 이 때, 덧셈과 뺄셈은 우선순위가 같으므로 여기에 결합성의 개념이 도입된다. 결과적으로 이 식에서는 덧셈이 뺄셈보다 먼저 수행되어 (3 + (9 * 7)) - 8 = 58 이다.

5.2 상수 (Constants)

상수란 프로그램을 실행하는 동안 변하지 않는 수를 의미한다. 상수에 어떤 다른 값을 대입(assign)하려 해도 컴파일 에러를 일으킬 뿐이다. 상수를 사용하면 얻어지는 장점은 크게 세가지로 볼 수 있다.

첫째로, 어떤 값을 상수로 정의하면 프로그램내에서 이 값을 사용해야 할 부분에서 의미있는 상수명을 사용하게 되므로 프로그램이 이해하기 쉬워진다.

둘째로, 프로그램을 수정하기도 쉬워진다. 혹시 프로그램실행동안 변하지 않기때문에 상수로 지정을 하지만 프로그램을 코딩하는 순간에는 과연 어떤 값이 이 상수를 위한 최적인가를 쉽게 결정하기 어려운 경우가 있다. 이런 경우에는 프로그램을 작성한 뒤 값을 여러번바꾸어 실행시켜보고 그 결과가 최적으로 나타나는 값을 상수로 채택하게 된다. 이 때, 상수가 프로그램내 100여 군데에서 사용된다고 하면 한 번 값을 바꾸어 테스트 하는데 100번씩 수정을 해야 한다는 의미이다.

세째로, 프로그램의 논리에러를 막아준다. 프로그램을 작성하다보면 메모리 절약 차원에서 혹은 프로그래머의 성향 등에 의해서 변수를 재사용하는 경우가 가끔 있다. 이 때, 상수를 일반 변수형태로 정의해 놓았다면 심각한 논리에러를 유발할 가능성이 있다. 예를들어, 원의 넓이를 구하는 프로그램이 있다고 하자. 이 프로그램은 입력으로 원의 반지름의 길이를 입력 받아 이를 제곱한 값에 원주율을 곱한다. 원주율(3.14)은 프로그램을 실행하는 동안 당연히 불변의 값이므로 이를 상수로 정의해 버리는 것이 좋다. 물론, 일반 변수에 3.14의 값을 대입시켜 사용해도 문제는 없다. 그러나, 프로그램의 크기가 커지게 되면 자신이 코딩한 프로그램이라도 한참 뒤에 들여다 볼때 이 변수가 무슨의도로 만들어 놓은 변수인지 기억하지 못하게 된다. 따라서, 변수에 어떤 다른 값을 대입하게 되면 원주율을 곱해야 할 부분에 엉뚱한 값이 곱해지게 되어 결국 프로그램의 논리에러를 유발하게 된다.

자바에서 어떤 변수를 상수로 취급하도록 하기 위해서는final 이라는 키워드를 사용한다. 변수 선언의 시작부분에 final 을 붙여주면 된다. 예를 들어,

```
final double pi = 3.14;
```

위는 원주율을 pi라는 변수에 상수로 지정한 것을 보여준다.

6. 객체(Object)와 클래스(Class)

++ 객체

자바와 같은 객체 지향 프로그래밍 언어에서는 데이터와 그 데이터를 접근하거나 조작하는 연산을 결합하는 것을 객체라고 한다. 객체 지향 프로그래밍 개념을 파악하는데 많은 사람들이 어려워 하는 이유 중의 하나가 데이터와 데이터를 접근하는 연산이라는 개념이 프로그래밍과 어떤 관련이 있는지를 잘 파악하지 못하기 때문이다.

간단히 말해서, 현존하는 모든 컴퓨터 프로그램은 변수(데이터)와 함수(데이터를접근하거나 조작하는 연산)로 구성된다. 아무리 복잡한 프로그램일지라도 결국은 변수(데이터)선언과 그 변수(데이터)에 대한 조작일 뿐이다. 따라서, 데이터와 연산을 하나로 묶은 객체지향 프로그래밍 언어의 개념은 현재의 비 객체지향 언어(구조화 언어)가 할 수 있는 모든 기능을 수행할 수 있다는 이야기가 된다.

원을 화면에 그리는 프로그램을 예로 들어보면, 프로그램은 단순히 원 모양으로 풍선을 나타내고 이 풍선은 풍선크기와 위치에 대한 정보를 갖고 있다.

```
int diameter;
int xCoord, yCoord;
```

x좌표와 y좌표는 현재 풍선의 위치를 나타내며 diameter는 풍선 크기를 의미한다. 또한, 풍선은 이들 데이터에 대한 연산을 가지고 있습니다. 크기를 변경하는 연산과 위치를 변경하는 연산이 그것이다. 크기를 변경하는 예를 들어보면

```
public void changeSize(int change) {
        diameter = diameter + changer;
}
```

public, void 등의 용어들에 대한 설명은 뒤로 미루고 여기에서는 단지 diameter라는 데이터에 대한 연산이라는 것만 알아두자. 객체는 데이터와 그에 대한 연산의 집합체라고 하였고 위의 diameter 변수선언과 changeSize라는 함수만으로 하나의 객체가 완성될 수도 있다(물론 여기서는 이 풍선의 위치를 움직이는 연산도 함께 존재한다고 하였다).

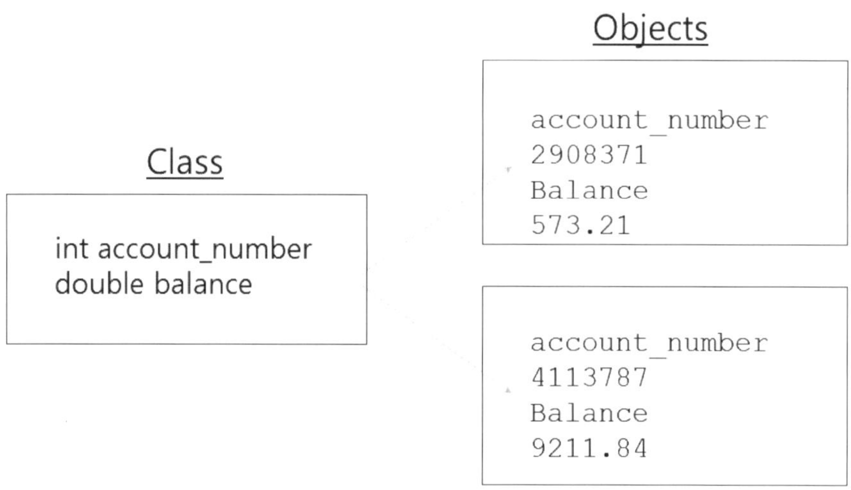

그림 11 클래스와 객체와의 관계

객체내의 변수를 선언하는 것은 main함수 앞 부분에서 변수를 선언하는 것과 유사하지만 그 영역(scope)이 해당 객체 내라는 점에서 구별된다. 이는 객체내의 변수에 접근하고자 할 때는 대부분의 경우에 이 변수에 대한 연산을 수행하는 메소드를 통하기 때문에 다른 객체에 의해서 직접적으로 변수의 값이 변경되거나 하지 않는다는 이야기이다.

변수의 선언을 public으로 하면 외부의 다른 객체에서도 이 변수 값을 직접 access할 수 있는 것이 사실이다. 그러나, 이와같이 해당 객체의 메소드를 통하지 않고 외부 객체가 직접 다른 객체의 변수를 접근하고 변경할 수 있도록 프로그래밍 하는 것은 좋지 않다. 이는 객체지향의 개념을 무시하는 것이고, 또 이와같이 프로그래밍 하려면 굳이 객체지향 프로그래밍 언어를 사용할 이유가 없기 때문이다. 로마에 가면 로마법에 따르라 하듯이, 객체지향 언어를 사용할때에는 객체지향 개념에 맞게 프로그래밍 하도록 하자. 다음은 앞의 풍선 객체 예에서 객체 내의 멤버 변수(member variable)를 선언한 것이다.

```
private double diameter;
```

이 diameter 변수를 private으로 선언한 이유는 앞에서도 언급한 바와 같이 이 변수에 대한 접근을 풍선객체의 메소드를 통해서만 허용하도록 하기 위한 것이다. 이렇게 함으로써 이 변수에 그릇된 값을 대입하는 경우메소드 내에서 조건절을 추가하여 사전에 방지할 수 있다.

예를들어 풍선의 크기는 음수값이 될 수 없기때문에 메소드 내부에서 아래와 같이 대입값을 사전에 검사하도록 할 수 있다.

```
public void setDiameter(int dia) {
        if (dia < 0)
            System.out.println("Error....!!!\n");
        else
            diameter = dia;
}
```

멤버 변수를 선언하는 것은 접근 제한자(access modifier), 반환 형(result type), 메소드 이름(method name), 인수(parameter), 메소드 정의(body)로 구성된다.

메소드 정의는 이 메소드가 호출 되었을때 실행될 일련의 명령어들을 의미한다. 앞의 예에서는 public이 접근 제한자에 해당하고 void는 반환 형, setDiameter는 메소드 이름, int dia는 인수이다. 여기에다 중괄호 시작부터 끝 부분 까지를 메소드 정의라고 한다.

- 접근 제한자 : 위 예제에서 사용된 public 접근 제한자는 이 메소드가 프로그램내 어떤 객체 혹은 일반적인 함수에서도 호출할 수 있도록 공개한다는 의미이다.
- 반환 형 : 메소드의 수행이 끝났을 때 어떤 형태의 결과값이 반환되는지를 나타낸다. 여기서는 void를 사용하였는데 이는 어떠한 결과값도 반환하지 않는다는 의미이다.
- 메소드 이름 : 메소드의 이름은 프로그램을 작성하는 사람이 자유롭게 결정할 수 있다. 물론, 자바의 식별자(identifier) 규칙에 적합해야 한다.

- 인수 : 인수는 메소드가 호출될 때 입력 받는 값을 의미한다. 메소드는 임의의 수의 인수를 받아들일 수 있으며, 각 인수에 대해서 인수의 형과 이름 형태로 선언한다. 위에서는 int 형으로 입력받은 인수를 메소드내부에서 dia라는 이름으로 사용한다. 인수를 입력받을 필요가 없는 메소드에서는 인수 부분을 생략하고 다음과 같이 괄호를 열었다 닫으면 된다.

```
public void showDiameter() {
        :
        :
}
```

- 메소드 정의 : 메소드의 정의는 중괄호 시작으로 부터 중괄호의 끝까지 이어진다. 이곳에 나열된 명령어들은 프로그램의 실행동안 객체내에 선언된 변수에 접근하게 된다. 위 예에서는 입력받은 인수인 dia의 값이 올바른 값인지 확인하고 이를 객체내의 멤버 변수인 diameter에 대입한다.

++ 클래스(class)

모든 객체지향 언어가 그렇듯이 모든 풍선을 하나의 객체로 표현할 수는 없다. 풍선에는 긴 모양의 풍선, 동그란 모양의 풍선, 재질이 고무인 풍선, 폴리 에스테르와 고무를 혼합한 풍선, 수소를 채워 둥둥 떠다니는 풍선, 입으로 바람을 불어 넣은 풍선 등 세상에는 각양각색의 풍선들이 존재한다. 따라서, 이들 모든 객체들의 공통점을 모아 하나의 템플릿으로 만들어 놓고 이 템플릿을 사용하여 그때 그때 약간의 속성들을 추가하여 객체를 생성할 수 있다. 이 템플릿을 클래스(class)라 한다.

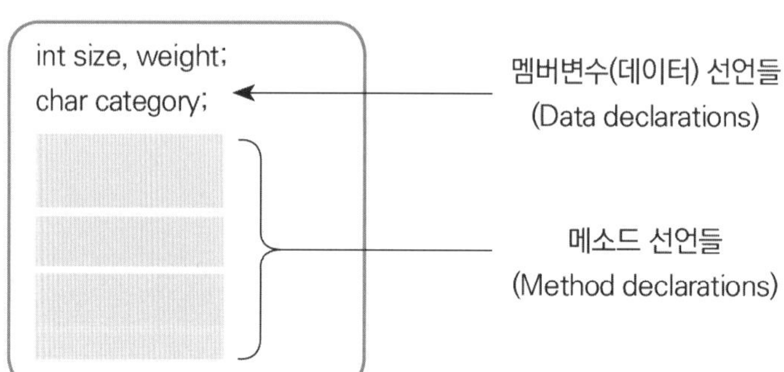

그림 12 클래스내 멤버변수와 메소드

이해를 돕기 위한 예로, 붕어빵 만드는 기계를 생각해 보도록 하자. 붕어빵을 찍는 기계를 클래스라 할 수 있고, 이 기계를 사용하여 찍어낸 붕어빵을 객체라 할 수 있다. 붕어빵(객체)은 단팥이 들어간 정도, 단팥의 설탕 대 팥 비율, 밀가루 및 물의 혼합 비율과 같은 정보를 각 붕어빵이 고유하게 가진다. 다만 표면이 밀가루라는 것과 속에 단팥이 들어간다는 점이 공통점이며 이러한 공통점들을 뽑아내어 클래스로 만들어 놓고 방금전에 설명한 바와 같이 단팥 및 밀가루에 대한 여러 속성을 약간씩 달리하며 각각의 붕어빵을 만들어내면 된다.

즉, 클래스(붕어빵 틀)를 실체화 한것이 객체(붕어빵) 이다. 실제 프로그램에서 보면 클래스는 프로그램 코드의 일부이며 이를 실행할 때 메모리상의 일정 구역에 생성되는 실체를 객체라 한다. 다음은 자바 언어에서 클래스를 정의하는 형식이다.

```
public class class-name {
      변수 선언 (variable declarations)
      생성자 선언 (constructor declarations)
      메소드 선언 (method declarations)
}
```

대부분의 경우에 변수 선언을 가장 앞 부분에 하고 다음으로 생성자 선언 그리고 변수에 대한 접근을 제공하는 메소드(함수) 선언을 마지막에 한다.

객체 내의 함수를 메소드라 부른다. 함수는 비 객체지향 언어(구조화 언어)에서 데이터에 대한 연산을 의미하는 용어이고 객체지향 언어에서 객체내의 데이터에 대한 연산은 함수라 부르기보다 메소드라고 부른다. 이것을 함수라 불러도 그렇게 틀린말은 아니지만 객체지향 언어에서는 메소드라 하는것이 더 정확하다.

7. 객체 생성하기

기존 C와 같은 구조적 프로그래밍 언어는 동작되는 자료와 처리 동작 자체를 서로 별도로 구분한다. 따라서, 처리동작과 자료 사이의 관계가 서로 밀접한 연관성을 갖지 못하는데, 이러한 특성으로 인하여 프로그램이 커지거나 복잡해지면 프로그램의 에러를 찾는 디버깅 및 프로그램의 유지보수가 어려운 단점이 있다.

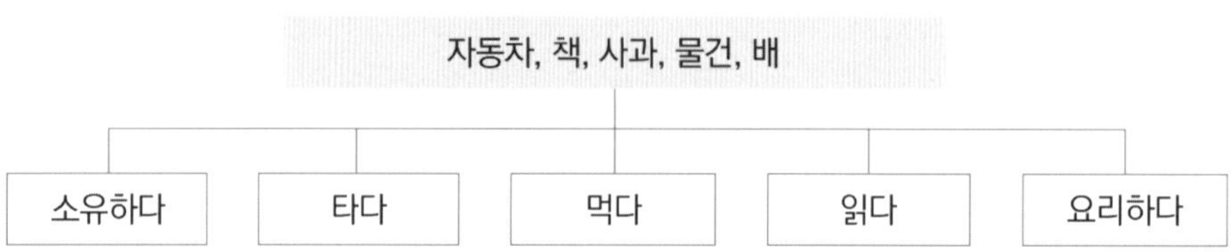

그림 13 객체지향 개념 (메소드)

반면, 객체지향 프로그래밍에서는 자료와 이의 처리동작을 하나로 묶어서 다룰수 있는 객체(object)라는 개념을 도입하였다. 객체지향 프로그램은 처리하는 절차보다도 동작되는 상태에 중점을 둔 객체, 객체 갂의 상호관계로 표현한다.

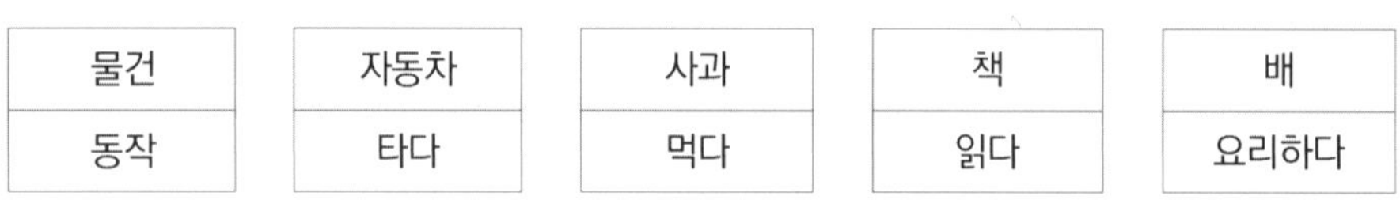

그림 14 클래스 관계와 동작

위 그림 14에서 물건 객체는 다른 객체 보다 상위관계를 갖는 객체이고 이 객체에서 갖는 성질은 다른 객체도 공유하는 비슷한 성질의 사과, 배는 서로 성질을 공유하는 관계에 있다. 따라서, 이러한 경우에 물건 객체를 먼저 정의한 후, 물건 객체와 유사한 특성을 가지는 다른 객체들은 그 보다 하위 객체로 관계를 설정하는 방법이 더욱 효과적이다.

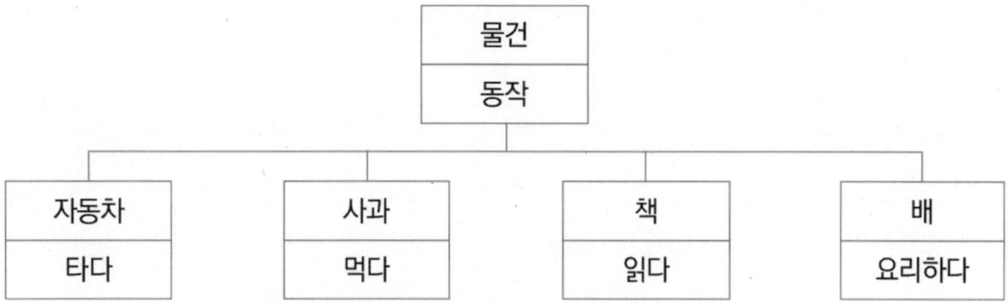

그림 15 객체지향 개념 (클래스 상속관계)

이와 같이, 객체지향 프로그램에서는 상태와 연산을 함께 묶어 하나의 객체에서 처리하는데, 결과적으로 이러한 객체들이 모여서 하나의 프로그램을 구성한다.

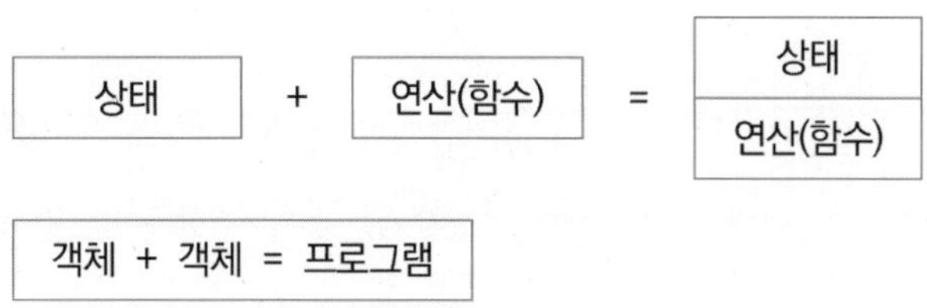

그림 16 객체지향 개념
(상태와 연산 결합, 객체와 객체간 상호작용을 통한 프로그램 수행)

이러한 특성으로 인하여 기존 구조적 프로그래밍에서 상태와 연산(함수)

상태 + 연산(함수) = 프로그램

그림 17 객체지향 프로그래밍에서 상태와 연산

클래스에 대한 선언이 끝나면 이 클래스에 대한 객체를 생성할 수 있다. 이런 과정을 인스턴스화(instanciation)이라 한다. 이렇게 인스턴스화된 객체들은 클래스 선언에 포함된 멤버 변수 및 멤버 함수를 그대로 물려받아 실제로 이들 코드를 실행할 준비를 마친다. 결과적으로 모든 클래스는 실행되기 위해서는 객체로 인스턴스화 되어야 한다. 클래스는 일련의 프로그램 코드일 뿐이고 이를 실행할 때 메모리에 생성되는 실체가 바로 객체이다.

대부분의 경우에 새로 생성된 객체를 위해 변수를 선언하고 이 변수가 방금 생성된 객체를 가리키도록 한다. 생성된 객체를 사용하려면 이에 대한 참조가 있어야만 하기 때문이다.

자동차 바퀴를 움직이려면 핸들이 있어야 하는것과 같은 맥락이다.

객체 변수(object variable)는 일반적인 멤버 변수와 같은 방법으로 선언된다. 다만, 변수형으로 해당 클래스 이름을 사용하는 것이 다르다. 예를 들어, 풍선 객체의 경우 Balloon 클래스의 인스턴스를 참조할 수 있는 변수는 아래와 같이 선언한다.

```
Balloon bal;
```

위에서 잠깐 언급하였듯이 위의 변수 선언은 풍선 객체 자체를 저장하기 위한 것이 아니라 메모리상에 생성된 객체에 대한 참조 즉, 해당 객체의 메모리상의 위치를 저장한다.

이제 풍선 객체를 생성하여 이 변수가 이를 참조할 수 있도록 하는 절차만 남았다. 객체의 생성을 위한 키워드는 new 이다. 이 new 키워드를 클래스 이름과 함께 사용하여 그 클래스의 인스턴스를 생성할 수 있다.

```
bal = new Balloon();
```

위의 예에서 bal은 Balloon형의 객체 변수이며, new Balloon을 통해 Balloon 클래스의 새로운 인스턴스를 생성하여 그 주소를 bal에 넣는다. 혹은 객체 변수의 선언과 그 생성을 한 줄로 처리할 수도 있다.

```
Balloon bal = new Balloon();
```

앞의 변수 초기화 부분에서 언급한 바와 같이 객체 변수도 초기화 되어야 한다. 그러나 객체 변수에 대한 초기화는 개념이 조금 다르다. 객체는 그 내부에 멤버변수를 가진다. 따라서, 객체가 생성될때 객체 변수는 물론 내부의 멤버 변수도 초기화를 해주어야 할 필요가 있기 때문이다. 이들 멤버 변수에 대한 초기화 방법은 두 가지가 있는데 우선, 아래와 같이 변수 선언시에 초기화를 해 주는 방법이 있다.

```
private int diameter = 10;
private int xCoord = 20;
private int yCoord = 20;
```

위의 방법을 사용하면 이 클래스에 대한 새로운 객체가 생성될때 이들 멤버 변수들이 항상 지정된 값으로 초기화 된다. 또 다른 방법으로는 초기화를 담당하는 특별한 함수를 작성하는 것 이다. 이와 같은 함수를 생성자(Constructor) 메소드라 하고 객체가 생성될 때 호출되어 해당 객체의 대한 멤버 변수들을 초기화 한다. 생성자 메소드는 클래스 이름과 같은 이름을 가지며 아무런 결과값도 반환 하지 않는다. 다음 함수는 풍선 객체의 생성자 함수이다.

```
public Balloon (int initialDiameter, int initialX, int initialY) {
    diameter = initialDiameter;
    xCoord = initialX;
    yCoord = initialY;
}
```

물론, 위와 같이 변수를 명시적으로 초기화 하지 않더라도 자바 시스템은 변수의 생성시 기본 값(default value)으로 초기화 한다. 숫자형 변수(int, float, double, short, long, ...)인 경우는 0으로, boolean형 변수이면 false로, 문자형 변수이면 \u0000으로, 그리고 임의의 객체인 경우 null값으로 설정한다. 그러나, 이들 기본값 초기화에 의존하는 프로그래밍 습관은 좋지 않다. 생성자 함수 또는 변수 선언시에 명시적으로 초기화를 해주는 것이 좋다.

위와 같은 생성자 함수를 갖는 클래스의 경우는 객체 생성시에 아래와 같이 인수를 넘겨주어야 한다.

```
Balloon bal = new Balloon(100, 350, 350);
```

풍선의 크기를 100으로 x 및 y좌표는 각각 350으로 설정하며 이 전까지의 예에서는 각 멤버 변수들이 기본 값으로 설정되었다. 아래는 Balloon 클래스 전체의 소스코드이다.

```
class Balloon {
      private int diameter;
      private int xCoord, yCoord;

      public Balloon (int initialDiameter, int initialX, int initialY) {
           diameter = initialDiameter;
           xCoord = initialX;
           yCoord = initialY;
      }

      public void changeSize(int change) {
           diameter = diameter + change);
      }
}
```

이와 같이 메소드가 호출될 때, 실 매개변수(actual arguments) 값은 형식 매개변수에 복사된다.

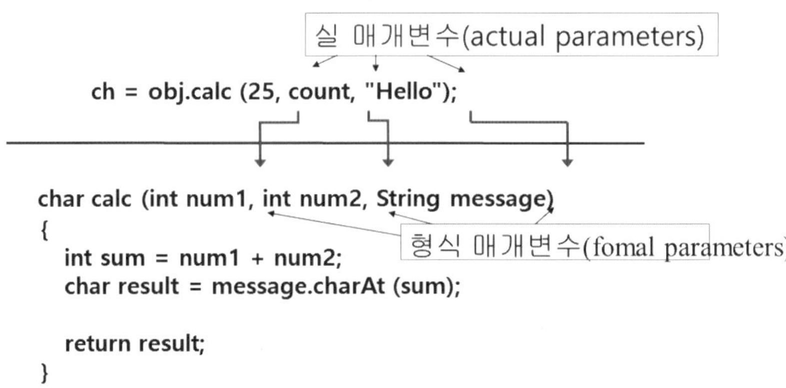

그림 18 메소드 호출에서 형식 매개변수와 실 매개변수

자바 프로그램은 객체들의 모임이다. 이런 객체를 잘 다루기 위해서는 실제로 메모리상에서 객체가 어떻게 저장되는지 그리고 이에 대한 접근을 어떻게 하는지에 관련된 사항들을

알아야 한다. 우선 정수형 변수 선언과 그 초기화 과정에 대하여 알아보도록 하자.

```
i = 1;
```

위 문장을 만나게 되면 자바 가상 기계 인터프리터는 메모리 상에 정수형 변수(32bit)를 위한 저장 공간을 할당 받는다.

i

그림 19 정수형 변수 i 생성 후 메모리

그리고 이를 i라I라고 명명한다. 따라서, 다음과 같이

```
i = 1;
```

변수 i에 1을 대입하게 되면 이 메모리 공간안에 1의 값을 저장한다.

i = 1

그림 20 변수 i 에 1이 저장된 모습

마찬가지로, 풍선 객체에 대한 변수 bal을 다음과 같이 선언하면

```
Balloon bal;
```

메모리 상에 이 객체 변수를 위한 공간(32bit)이 마련한다. 그러나 이것은 위의 정수형 변수 i의 경우와는 다른 포인터 변수 형태이다. 즉, 다른 메모리 주소를 참조하기 위한 것으로 앞으로 생성될 Balloon 객체를 가리키게 될 것이다.

bal

그림 21 bal 객체 변수

물론, 이 때는 아직 Balloon 객체가 생성되지는 않은 상태이다.

```
bal = new Balloon(100)
```

풍선 객체를 생성하여 앞서 마련한 bal 변수에 대입하게 되면 자바 가상 기계 인터프리터는 아래와 같이 Balloon 객체를 생성한 뒤 bal 객체 변수에 의해서 참조할 수 있도록 해준다.

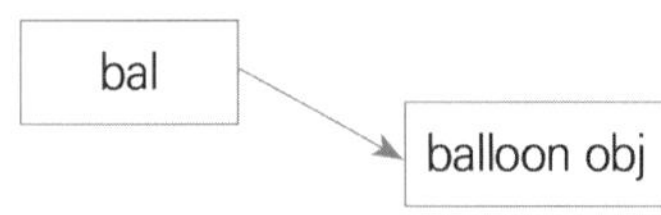

그림 22 balloon 객체의 생성 후 객체 변수의 참조

8. public과 private

클래스내의 멤버 변수 및 멤버 함수에 대한 공개 여부는 프로그래머에 달려 있다. 어떤 것들은 다른 객체가 사용할 수 있도록 공개하기 위하여 public 키워드를 함수 선언 앞에 사용하고 어떤 것들은 외부 객체가 접근할 수 없도록 하기 위해서 private으로 선언한다.

그림 23과 같은 구조를 가지는 클래스가 있다고 하자. 이 코드를 작성한 프로그래머의 관점에서는 그림 23과 같이 보이지만 이 객체를 사용하는 사용자 입장에서는 조금 다르다. 오직 public으로 선언된 멤버 변수 혹은 멤버 함수만이 보인다.

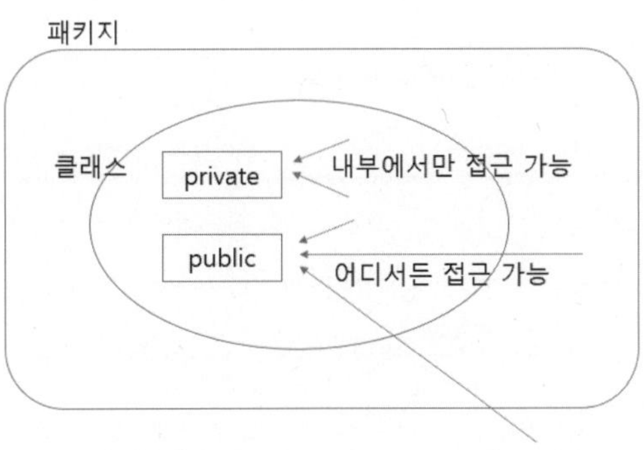

그림 23 클래스 멤버에 대한 접근제한자

+ 객체 사용하기

일단 객체가 생성되면 그 객체 클래스에서 정의된 멤버 변수를 호출하여 해당 객체상에서의 연산을 수행할 수 있다. 어떤 객체의 멤버 함수를 호출하기 위해서는 객체의 이름 다음 마침점(.)을 찍고 해당 객체의 멤버 함수 이름을 적어준다.

```
bal.changeSize(50);
```

멤버 함수를 호출할때는 괄호안에 그 멤버함수가 필요로하는 적절한 인수를 넣어주어야 한다. 위의 예는 앞의 Balloon 클래스의 객체인 bal의 changeSize라는 멤버함수를 호출하여 풍선 크기를 50으로 변경하는 것이다. 멤버 함수가 어떠한 인수도 필요로 하지 않는다 하더라도(즉, 인수 부분이 void로 선언된 경우) 함수이름 뒤의 괄호는 써주어야 한다.

멤버 함수는 그 자체가 일종의 작은 프로그램이라 할 수 있다. changeSize 멤버 함수는 풍선 크기를 입력받아 해당 객체의 풍선 크기를 조정하는 기능을 담당하며 함수가 호출될 때 비로서 실행을 시작한다.

```
      :
      :
      :
public void changeSize(int change) {
    bal.changeSize(50);
    diameter = diameter + change;
}
      :
   :
```

멤버 함수가 호출되면 프로그램의 진행이 현재 위치에서 해당 메소드로 건너뛴다. 이 과정에서 메소드의 입력 인수인 change 변수로 50이라는 값을 복사한다. 그 다음 계속해서 메소드 내의 명령어들을 실행하고 메소드내 모든 명령어의 실행을 마쳤을 때, 이 메소드를 호출했던 위치로 다시 돌아온다. 결국 이러한 방법으로 changeSize함수를 통해 풍선의 크기를 변경할 수 있다.

+ 형식 인수(formal parameter)와 실제 인수(actual parameter)

인수에는 형식 인수와 실제 인수의 두가지 종류가 있다.

> 형식 인수 : 메소드 작성시에 이름지어지는 변수 형과 변수 이름
> 실제 인수 : 메소드 호출시에 전달되는 인수의 실제 값

앞의 풍선 크기를 변경하는 메소드에서 public void changeSize(int change) { 부분에서 "int change"가 형식 인수에 해당하며 이 메소드를 호출하기 위한 bal.changeSize(50); 명령문에서 50이라는 값 자체가 실제 인수에 해당한다.

9. 연산자

제어 구조란 명령어가 실행되는 순서를 변경하기 위한 문장이다. 다른 프로그래밍 언어와 유사하게 자바 언어에서도 한 문장 혹은 일부 문장들을반복하는 루프(loop)와 한 문장 수행 후 다른 곳으로 건너 뛰는 등의 조건문(conditional statement)을 제공한다. 즉, 프로그램이 지금까지의 예제와 같이 위에서 아래로 순차적으로 실행되는 것이 아니라 명령어를 실행하면서 분기(branch)도 일어나고 조건에 따라 프로그램의 임의 부분으로 건너 뛰게 될 수도 있다는 뜻이다.

+ 관계 연산자(relational operators)

관계 연산자는 두 수 사이의 크기 관계를 주로 테스트한다. 결과값은 boolean값으로 true 혹은 false를 반환한다.

심볼	의미
A < B	A가 B보다 작다
A > B	A가 B보다 크다
A <= B	A가 B보다 작거나 같다
A >= B	A가 B보다 크거나 같다

위의 A, B 두 오퍼랜드의 타입은 꼭 같을 필요는 없다. A가 정수형 변수이고 B가 배정도 실수형(double)일지라도 컴파일러가 묵시적으로 정수형 변수를 배정도 실수형으로 확장한 뒤 비교한다. 이를 형 변환(casting)이라고 하며 이 부분에 대해서는 뒤에서 자세하게 다루도록 하겠다.

+ 항등 연산자(equality operators)

두 값이 같은지 아니면 같지 않은지를 판단하는 연산은 항등 연산자를 통해서 이루어진다.

심볼	의미
==	같다
!=	같지 않다

앞에서 언급한 대입문(assignment statement)와 구별하기 위해서 equality operator의 항등성 테스트는 =(equal)기호를 두 번 사용한다. 비록 이들 항등 연산자가 앞의 관계 연산자와 유사하지만 다양한 이유로 인해 구분된다.

우선 항등 연산자는 관계 연산자에 비해 우선 순위가 낮다. 또, 항등 연산자는 관계 연산자가사용될 수 없는 상황에 사용된다. 예를들어 객체들간의 비교에 있어 항등 연산자는 사용될 수 있지만 관계 연산자는 그렇지 못하다. 객체들간의 비교에서 객체 A가 객체 B와 "같다" 혹은 "다르다"는 있을 수 있지만 객체 A가 객체 B보다 "크다" 혹은 "작다"의 비교는 있을 수 없기 때문이다.

+ 논리 연산자(logical operators)

많은 경우에 둘 또는 그 이상의 비교문의 결과를 결합하여 한번에 테스트해야 할 경우가 있다. 예를들어, "키가 165 이상이며 몸무게가 50kg 이상인 학생을 검색하라"라는 지시를 수행하려면

키 〉= 165

라는 조건과

몸무게 〉= 50

의 두 관계 연산을 동시에 만족시키는 결과를 뽑아야 한다. 이런 경우 논리 연산자를 사용한다.

<table>
<tr><th>심볼</th><th>의미</th></tr>
<tr><td>!A</td><td>A의 논리적 부정</td></tr>
<tr><td>A && B</td><td>A와 B가 동시에 참</td></tr>
<tr><td>A || B</td><td>A나 B 둘 중하나가 참</td></tr>
</table>

따라서, 위에서 주어진 명제를 만족시키는 데이터를 얻기 위해서는

키 〉= 165 && 몸무게 〉= 50

의 조건을 만족시키는 데이터를 검색하면 된다.

C/C++ 언어에서와 마찬가지로 자바에서는 논리 연산자 '&&' 또는 '||'를 사용하여 논리 연산을 수행할 때, 'short circuit' 법칙을 적용한다. 이는 '&&' 연산에서는 피연산자 중 하나라도 거짓이면 전체 논리식은 거짓이 되고, '||' 연산에서는 피연산자 중 하나라도 참이면 전체 논리식은 참이 된다는 특성을 이용한다. 다시 말해서, 자바 언어에서 논리식은 왼쪽에서 오른쪽으로 평가되는데, '&&' 연산의 경우 왼쪽에서부터 평가해 갈 때, 하나의 피연산자라도 거짓이면, 나머지 피연산자를 평가할 필요도 없이 전체 논리식은 거짓이 되므로 더 이상 논리식을 평가하지 않는다. 또한, '||' 연산의 경우 왼쪽에서부터 평가해 갈 때, 하나의 피연산자라도 참이 나오면, 나머지 피연산자를 평가할 필요도 없이 전체 논리식은 참이 되므로 더 이상 논리식을 평가하지 않는다.

10. 조건문(conditional statement)

프로그램이 실행될 때 조건에 따라 다른 문장이 실행되도록 하기 위해서 조건문(conditional statement)을 사용합니다. 조건문에는 if, switch 문이 있다.

if문

if 문은 조건의 테스트 결과에 따라 문장의 실행을 자유롭게 제어할 수 있는 제어 구조이다. if 문의 간단한 형태는 다음과 같다.

```
if 문 :                 if (조건 식)
                           조건이 참일때 실행될 문장;

    혹은

                      if (조건 식) {
                           조건이 참일때 실행될 문장1;
                           조건이 참일때 실행될 문장2;
                           조건이 참일때 실행될 문장3;
                                   :
                      }
```

조건 표현문은 boolean형식으로 true 혹은 false의 값을 가질 수 있다. 따라서, 조건이 true인 경우 if 문 다음 문장을 수행하고 조건이 false인 경우 이 문장이 실행되지 않고 다음으로 넘어간다. 혹은 조건이 참일 때 수행할 문장들이 많다면 이들 문장들을 블럭으로 지정하면 된다.

아래 그림은 if 문의 흐름도이다.

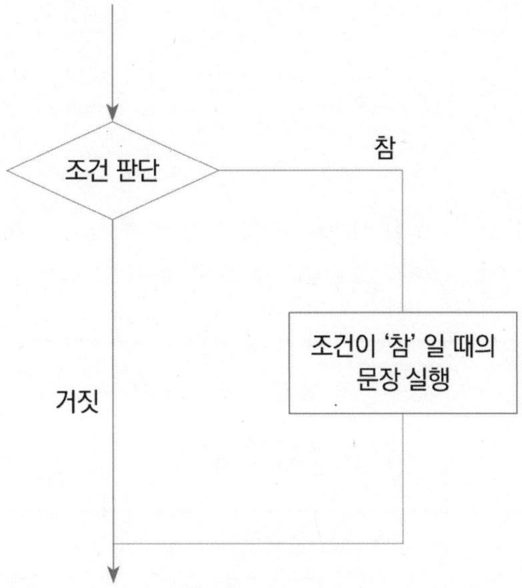

그림 24 if문의 흐름도

아래 예는 정수형 변수 i의 값이 3인지 확인하는 조건 검사 구문이다.

```
if (i == 3)
        System.out.println("the number is 3.\n");
```

조건이 '참(true)'이라면 if 문 다음의 문장을 실행하여 화면에

```
"the number is 3."
```

메시지를 출력한다. 조건이 '거짓(false)'이라면 if 문 다음 문장을 실행하지 않고건너 뛴다.

[note]

if 문의 조건 테스트 부분에서 비교연산자를 사용할 때

if (i = 3)

과 같이 사용하지 않도록 주의하여야 한다. "i = 3" 이란 문장은 i라는 정수형 변수에 3을 대입하는 문장이지 i가 3인지 조건을 테스트하는 문장이 아니다. 이와 같이 프로그램을 작성한 뒤 컴파일 시키면 컴파일러는 에러 메시지를 발생시킨다.

if..else 문

테스트 조건이 '참'인 경우 뿐만 아니라 '거짓'인 경우에도 수행하도록 할 문장이 있는 경우에 else 문장을 if 문에 붙여 사용한다. if 문의 형식은 아래와 같다.

```
if ( 조건식)
    조건이 'true' 일때 수행될 문장들
else
    조건이 'false'일때 수행될 문장들
```

예를 들어, 변수 math와 eng 중에서 어떤 것이 더 큰 값을 갖는지를 결정하고자 한다면 다름과 같은 프로그램 코드를 작성할 수 있다.

```
if (math > eng)
    System.out.println("math is larger than eng\n");
else
    System.out.println("eng is larger than math\n");
```

```
if ((num % 2) == 0)
{
  System.out.println(num+":Even number!!");
}
else
{
      System.out.println (num+":Odd number!!");
}
```

위의 System.out.println문 내부에서 '\n'은 줄 바꾸기를 위한 것이다. 만약 '참' 혹은 '거짓' 조건을 만족 할때 실행할 문장이 하나 이상이라면 중괄호 '{}'를 사용할 수 있다.

```
if (math > eng) {
        System.out.println("math is larger than eng\n");
        System.out.println("in other words, eng is smaller than math\n");
} else {
        System.out.println("eng is larger than than math\n");
        System.out.println("in other words, math is smaller than eng\n");
}
```

```
if (x > 90) {
        System.out.println ("수");
} else if (x > 80) {
        System.out.println ("우");
} else if (x > 70) {
        System.out.println ("미");
} else if (x > 60) {
        System.out.println ("양");
} else {
        System.out.println ("가");
}
```

중첩된 if문

프로그램을 작성하다보면 여러 조건을 계속해서 테스트 해 보아야 할 경우가 종종 있다. 이런 상황은 else문에 또 다른 if문을 사용하는 방법으로 구현할 수 있다. 이런 구조를 중첩 if문이라고 한다.

예를들어, 어떤 놀이동산에서 나이에 따른 할인율을 적용하기 위하여 유아, 어린이, 청소년, 성인으로 분류해주는 프로그램을 필요로 한다고 하자. 물론 이들간의 분류기준은 모호하지만 이 프로그램에서는 유아를 5세 미만, 어린이를 13세 미만, 청소년을 19세 미만, 성인을 19세 이상으로 판단한다고 하자. 다음은 이 프로그램의 코드 일부를 보여준다.

```
if (age < 5)
    System.out.println(“baby\n”);
else
    if (age < 13)
        System.out.println(“child\n”);
    else
        if (age < 19)
            System.out.println(“boy or girl\n”);
        else
            if (age > 19)
                System.out.println(“adult\n”);
```

else 문 다음에 굳이 줄 바꿈을 하지 않고 바로 if문을 사용해도 무방하다.

```
if (age < 5)
    System.out.println(“baby\n”);
else if (age < 13)
    System.out.println(“child\n”);
else if (age < 19)
    System.out.println(“boy or girl\n”);
else if (age > 19)
    System.out.println(“adult\n”);
```

이 같은 코딩방법은 프로그램이 보다 적은 공간을 차지하고 또 간결하게 보이도록 한다.

switch문

위에서는 여러 조건을 계속해서 테스트 해 보아야 할 경우에 중첩 if문을 사용하여 구현하였는데 이런 경우에는 switch문이 조금 더 편리하다. 예를들어 날짜에 따른 요일을 표시하는 프로그램을 작성한다고 하자. 변수 day는 정수형 변수로 1부터 7의 값을 갖고 이는 각각 월요일부터 일요일에 해당한다.

```
switch ( numberOfBabies )
{
        case 1:
                System.out.println("Congratulations.");
                break;
        default:
                System.out.println("I don't believe you.");
                break;
}
```

controlling expression
:: 정수 또는 char 형의 type을 가짐

그림 25 switch 구문의 제어식 타입

참고로 switch 구문에 대한 JDK 7 이후 변화된 내용으로는 switch 문의 제어식으로 String 객체를 사용할 수 있다는 점이 가장 큰 특징이다. 예를들어, 월의 이름을 영어로 받아서, 월을 반환하는 프로그램을 작성하는 데 있어, 다음과 같이 switch 구문을 사용하여 프로그램 할 수 있다.

```
String month;
Scanner scan = new Scanner(System.in);
Month = scan.next();
switch(month) {
case "January":
        monthNumber =1;
        break;
Case "February":
        monthNumber =2;
        break;
        :
        :
```

switch의 괄호 안에 들어오는 것으로는 관계식이 아니라 계산식이 되어야 하며, 계산식의 결과는 정수값만 들어갈 수 있음을 인지한다. byte, short, char, int, String 타입 중 하나가 될 수 있으며, case 옆의 값은 항상 상수여야 함을 주의한다. 예를들어, case (10+2)는 가능하나, case (i+2)는 불가능하다. switch 구문의 case 판단은 break 구문을 만날 때까지 계속 수행한다.

```
if (day == 1)
    System.out.println("Monday\n");
else if (day == 2)
    System.out.println("Tuesday\n");
else if (day == 3)
    System.out.println("Wednesday\n");
else if (day == 4)
    System.out.println("Thursday\n");
else if (day == 5)
    System.out.println("Friday\n");
else if (day == 6)
    System.out.println("Saturday\n");
else if (day == 7)
    System.out.println("Sunday\n");
```

이제 이 프로그램 코드를 switch문을 사용한 것으로 바꾸어 보겠다.

```
switch (day) {
    case 1 : System.out.println("Monday\n");break;
    case 2 : System.out.println("Tuesday\n");break;
    case 3 : System.out.println("Wednesday\n");break;
    case 4 : System.out.println("Thursday\n");break;
    case 5 : System.out.println("Friday\n");break;
    case 6 : System.out.println("Saturday\n");break;
    case 7 : System.out.println("Sunday\n");break;
}
```

이렇게 여러 조건을 연속적으로 테스트 할 때에는 if..else 문을 사용하는 것 보다는 switch 문을 사용하는 편이 프로그램이 좀 더 명확하게 만들 수 있는 방법이다. break 문은 각 switch문장의 끝을 의미한다. 만약 break 문을 사용하지 않으면 그 다음 문장까지 실행된다.

예를들어, 위 예제에서 "case 3"에 해당하는 줄에서 break 문을 제거하면 프로그램 실행 시 day가 3인 경우 결과가 다음과 같이 출력된다.

```
Wednesday
Thursday
```

즉, switch 문에서는 조건을 만족할 때 실행되는 문장들이 여러개인 경우 별도의 중괄호 '{}' 없이 차례로 문장을 나열하면 된다. 반대로 if 문에서는 이런 경우 중괄호를 한 뒤 명령어를 써주어야 한다.

11. 반복 구조(Loop structure)

대부분의 프로그램에서 한 명령어가 한 번 이상 반복되어 실행하도록 하는 루프구조를 아주 빈번하게 사용한다. 예를들면, 어떤 원하는 정보를 찾기 위해서 파일을 탐색하거나, 화면에서 한 캐릭터의 움직임을 표현하기 위하여 반복적으로 화면에 그리는 작업 등이 이런 작업에 속한다.

원래 컴퓨터의 개발이 반복적이면서 분량이 많은 일을 어떻게 하면 효율적으로 처리할 수 있을지를 생각하던 것으로부터 유래하였듯이 루프는 프로그램 작성에 있어 중요한 개념 중의 하나이다. 자바에서는 while, for, do 와 같은 루프를 제공하고 있다.

while문

while 문은 자바의 루프구조중에서 가장 간단한 개념이다. while 문의 형식은 다음과 같다.

```
while ( 조건식 )
    반복될 문장
```

위와 같은 형태의 while문은 괄호안의 조건식을 만족하는 상황이 될 때까지 다음에 나오는 문장을 반복하여 실행한다.

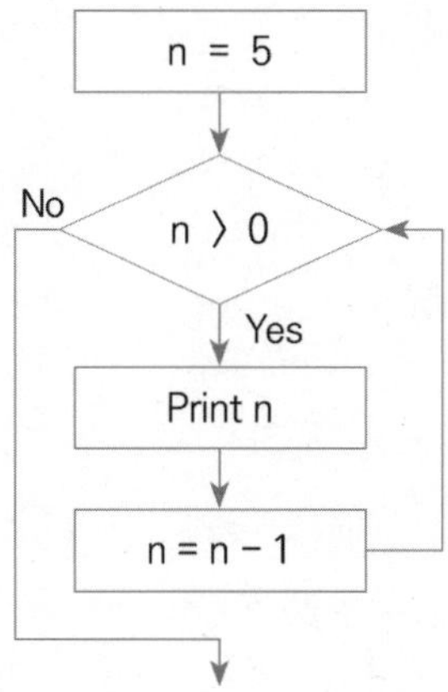

그림 26 while 반복문 처리 흐름도

위에서 loop 본체 부분의 반복될 문장은 어떤 명령어가 와도 좋다. 그러나, while 옆 괄호 안의 조건식은 반드시 boolean 형식이어야만 한다. 예전의 C언어 혹은 C++ 언어에서는 무한루프(종료조건이 없이 무한히 반복하는 루프)를 구현하기 위해서 아래와 같이 많이 사용하였다.

```
while (1) {
        :
        :
        :
}
```

그러나, 앞에서 언급하였듯이 자바에서는 while 문 조건식 안에 정수형이 올 수 없다. 반드시 조건식 평가 결과가 'true' 혹은 'false'의 형태가 되는 boolean 형식의 변수 혹은 리터럴만이 올 수 있다.

다음은 n값이 100보다 커질때 까지 n값에 5씩 곱하는 과정을 반복하는 while문을 사용한 예제 프로그램이다. n이 100보다 작은 경우에 조건식이 '참(true)'이 되므로 n보다 작은 동안 계속해서 본체의 문장을 실행하고 100보가 커진 순간에 반복을 멈춘다.

```
while (n < 100) {
    n = n * 5;
}
```

while 문에 관하여 주의하여야 할 사항은 루프의 본체(조건이 만족할 때 실행되어질 문장들)가 한번도 실행되지 않을 수 있다는 것이다. 만약, 평가할 조건식이 while이 처음 실행될 때부터 'false'인 경우가 이에 해당한다. 즉, 위의 예제 코드에서는 n의 값이 처음에 150으로 초기화 되어 있을 경우 이런 현상이 발생한다.

while 문의 루프를 빠져나오게 되는 조건은 두 가지가 있다. 조건식이 '거짓'으로 평가되는 경우와 while 문의 본체를 실행하는 중에 'break' 문을 만났을 때이다. 이 'break' 문은 앞에서 switch문을 설명할 때 다루었다.

프로그램을 작성하다보면 while 문의 본체 내부에서 조건을 평가하고 종료할 필요가 종종 있는데 이 때 'break'문을 사용하여 루프를 종료하여야 한다. 'break'문은 다음과 같은 형태를 취한다.

```
break;
```

'break' 문은 그 특성상 프로그램에서 단독으로 사용되는 경우가 거의 없다. 대부분의 경우에 if 문을 통해 조건을 검사하고 그 조건에 해당하는 경우 'break' 문을 사용한다.

다음은 'break' 문의 사용 예이다.

```
while (n < 100) {
    n = n * 5;
    if (n == 95)
        break;
}
```

이 예제 프로그램에서는 n이 100보다 작은 동안 계속해서 n에 5씩 곱하도록 반복하다가 n이 95가 되는 순간 루프를 빠져온다.

'break' 문과 반대되는 개념으로 'continue' 문이 있다. 'continue' 문도 역시 'break' 문처럼 루프내에서 사용된다. 그러나 'continue' 문과는 달리 루프를 종료시키지 않으며 대신 프로그램이 루프 본체의 끝부분으로 건너 뛰게 한다. 즉, 루프의 실행은 계속되지만 현재의 루프를 반복할 차례만 생략하는 것이다.

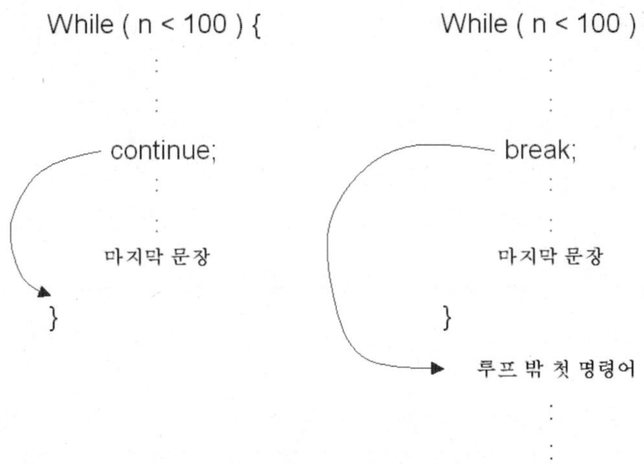

그림 27 break문과 continue문의 차이

위의 그림은 'break' 문과 'continue' 문의 차이를 잘 설명한다. 'continue' 문은 현재 루프의 마지막 문장 다음으로 프로그램의 실행을 건너뛰어 루프의 다음번 반복차례로 넘어가지만 'break' 문은 루프 밖의 첫 번째 명령어로 점프하여 현재 루프 자체를 종료한다.

'continue' 문은 'break' 문보다 그렇게 자주 사용되지는 않지만 잘 사용할 경우 루프 내 본체의 프로그램 코드를 좀 더 단순화 할 수 있다.

```
while ( 조건식 1 ) {
    if ( 조건식 2 ) {
        System.out.println("JAVA 2 SCJP\n");
    }
}

while ( 조건식 1 ) {
    if ( ! 조건식 2 )
        continue;
    System.out.println("JAVA 2 SCJP\n");
}
```

위의 두 프로그램 코드는 그 실행결과가 동일하다. 첫 번째 프로그램에서 조건식 1과 조건식 2가 모두 '참' 일때 "JAVA 2 SCJP" 문장을 출력한다. 두 번째 프로그램에서는 조건식 1이 참이며 조건식 2가 '거짓'인 경우는 루프의 다음 번 반복 차례로 건너 뛰고 조건식 2가 '참' 일때 "JAVA 2 SCJP" 문장을 출력한다.

참고로, 자주 사용되지는 않지만 'break' 와 'continue' 문은 점프할 위치를 지정할 수도 있다.

```
break preloop;
```

위와 같이 사용하면 루프를 빠져나가면서 'preloop' 이라는 레이블이 붙어있는 곳으로 점프한다. 다만, 이 레이블은 현재 실행되는 'break' 문보다는 앞서 위치해야 한다는 제약조건이 있다. 그러나, 'break' 문의 이런 기능은 예전 BASIC 프로그래밍 언어의 GOTO 같은 분기문과 비슷하게 프로그램의 실행을 예기치 못한 방향으로 점프하게 하므로 사용이 불가피한 경우를 제외하고 이를 자주 사용하는 것은 좋지 못한 프로그램 작성 습관이다.

for 문

while 문은 단순히 조건이 만족하는 동안 본체의 문장들을 반복하기만 한다. 그러나, 좀 더 자세한 컨트롤을 하고자 할 때 while문에서는 본체에 별도의 코드를 추가하여 해결하였다. for 문은 while 문 보다 좀 더 세부적인 컨트롤 기능을 자체에서 지원한다.

다음은 for문의 형식이다.

```
for (초기식; 조건식; 증감식) {
        :
        :
        :
}
```

for 문의 괄호안에는 초기식, 증감식, 조건식이 각각 세미콜론(;)으로 구분하여 나열한다.

- 초기식 - 루프가 시작되기 전에 한번만 수행한다.
- 조건식 - 루프의 각 실행에 앞서 테스트 한다. 루프가 실행되는 조건을 기술한다.
- 증감식 - 루프의 각 반복이 끝나기 전에 수행한다.

while 문에서는 카운팅 기능을 루프 본체내에서 별도의 코드로 구현해야 하였지만 for 문에선는 증감식이 그 역할을 한다. 증감식 및 조건식에서 사용되면서 루프의 진행 여부를 결정하는 변수를 루프 제어 변수(loop control variable) 라고 한다.

for 문에서의 조건식은 while 문에서의 그것과 동일하다. 즉, 조건이 '참'인 경우 루프를 계속하고 조건이 '거짓'인 경우 루프를 종료한다.

초기값은 루프를 시작하기 전에 루프내에서 사용될 여러 변수들을 초기화 하는데 주로 사용한다. while 문에서와 같이 for 문에서도 조건식에서 평가한 결과가 '거짓'인 경우 루프를 한번도 실행하지 않고 종료한다. 다음은 for 문을 사용한 예제이다.

```
for (int count = 1; count < 6; count++ ) {
    System.out.println("%d\n", count);
}
```

위의 예제 프로그램을 실행한 결과는 다음과 같다.

```
1
2
3
4
5
```

앞에서 설명한 for 문의 형식에서 괄호안의 각 초기식, 조건식, 증감식은 선택적으로 사용할 수 있다. 필요에 따라 생략해도 무관하다는 이야기이다.

① 초기식이 생략되는 경우 : 루프 제어 변수에 대한 초기화가 루프 시작되기 전의 어떤 다른 코드부분에서 실행되어야 한다.

② 조건식이 생략되는 경우 : 루프내에서 특별히 'break' 문을 사용하지 않으면 루프는 종료되지 않고 무한히 반복한다.

③ 증감식이 생략되는 경우 : 루프 제어 변수의 증가 및 감소가 루프 내에서 프로그래머가 임의로 추가한 코드에 의해서 이루어진다.

이 외에 위의 초기식, 조건식, 증감식 모두 다 생략되는 경우는 무한루프(infinite loop)가 된다. 예를들어, 아래와 같은 자바 프로그램은 별도로 프로그램을 강제종료(Ctrl+C 혹은 윈도우 닫기) 하지 않으면 계속해서 "JAVA 2 SCJP" 문장을 출력한다.

```
for ( ; ; ) {
     System.out.println("JAVA 2 SCJP\n");
}
```

이 때 주의할 사항은 초기식, 조건식, 증감식 등이 생략되더라도 위의 예제 코드에서와 같이 세미콜론을 통해 구분은 해주어야 한다는 것이다. 무한루프를 통해 프로그램을 작성할 때에는 대부분 if문을 사용하여 어떤 조건이 만족되면 무한루프를 빠져나가도록 프로그래밍 한다.

do..while 문

지금까지 살펴본 for 문, while 문과 같은 루프 구조에서는 실제로 루프에 들어가기 전에 반드시 조건식을 먼저 체크하고 '참'인 경우에만 루프 본체를 실행하였다. 따라서, 처음부터 조건식이 '거짓'인 경우에는 루프 본체가 한번도 실행되지 않는다. 그러나 do..while 문은 다르다.

우선 do...while 문의 형식을 살펴보도록 한다.

```
do {
        :
        :
    루프 본체
        :
        :
} while ( 조건식 );
```

프로그램이 실행되다가 do..while 루프를 만나게 되면 일단 루프 본체를 한번 실행한 다음 while 문의 조건식을 체크하고 '참' 인 경우 루프의 다음번 차례를 반복한다. 따라서, do..while 루프를 사용하면 루프 본체가 반드시 최소 한번은 실행되는 결과를 가져온다는 것을 명심해야 한다. 다음은 do..while 문을 사용한 예제 코드이다.

```
counter = 1;
do {
    System.out.println(counter + "\n");
    counter = counter + 1;
} while (counter <= 5);
```

이 프로그램은 counter 값이 5보다 작거나 같은 동안 화면에 counter 값을 출력하는 프로그램이다. 실행결과는 다음과 같다.

```
1
2
3
4
5
```

참고로, do..while 문을 사용할 때 주로 범하는 실수중의 하나로 "while (조건식)" 다음에 세미콜론을 찍지 않는 것이다. 다른 루프 구조와는 달리 do..while 루프는 마지막에서 조건식 체크를 하기 때문에 단순히 중괄호로 마무리하는 것이 아니라 while문의 괄호 뒤에 세미콜론을 찍어주어야 한다.

12. 배열(arrays)

지금까지는 하나의 변수에 한개의 객체 혹은 하나의 값 만을 저장하였다. 그러나, 많은 프로그램에서 같은 데이터형을 갖는 여러개의 데이터들을 저장해야 할 필요가 있다.

학생관리 프로그램을 예로들어 보겠다. 학교에는 학생이 수천명에 이르며 각 학생들을 나타내는 데이터형은 모두 같다. 이런 경우에 일일이 프로그래머가 각 학생에 대하여 각각의 변수를 지정해 주어야 한다면 엄청난 수작업이 필요할 것이다.

```
int student_id1 = 55
int student_id2 = 18
int student_id3 = 31
int student_id4 = 22
int student_id5 = 39                :
          :
```

따라서, 컴퓨터 프로그램에서 배열(array)의 사용은 필수이며 이 장에서는 변수에 관하여 알아보겠다.

+ 배열의 생성과 사용

학생관리 프로그램의 예에서와 같이 많은 프로그램에서 단일 변수로 표현 가능한 단순한 데이터 보다는 같은 데이터 형을 갖는 데이터들의 집합을 필요로 한다.

프로그래밍 언어에서는 데이터들의 집합을 하나의 이름으로 접근하고 관리하기 위한 위한 개념을 데이터 구조(data structure)라고 한다. 앞에서 설명드린 객체의 경우에도 일종의 데이터 구조라고 할 수 있다. 왜냐하면, 객체도 역시 여러개의 데이터(멤버 변수들)를 하나의 이름(객체 변수)으로 저장하기 때문이다.

자바에서는 배열이라 하여 동일한 데이터 형을 가진 변수들의 묶음을 정의한다. 배열이 객체와 다른 점은 객체는 서로 다른 데이터 형을 가진 변수들이 객체변수라는 하나의 이름으로 묶여질 수 있지만 배열에서는 그 구성요소들이 반드시 같은 데이터 형을 가져야만 한다.

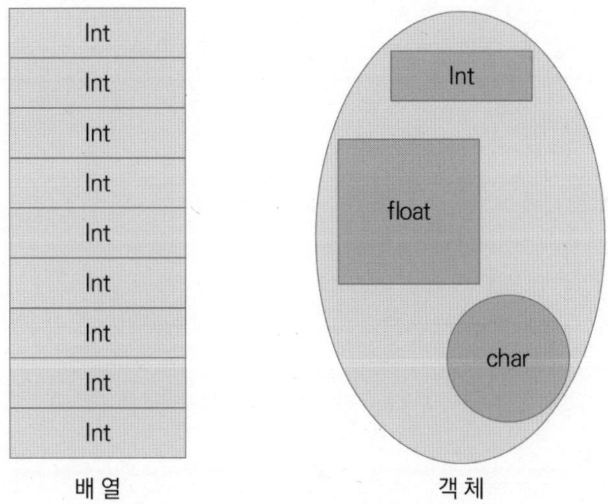

그림 28 배열과 객체

또한, 배열에서 그 구성요소들이 선형적으로 나열된 것을 1차원 배열이하 하며 2차원적으로 나열된 형태의 배열을 2차원 배열이라 한다.

배열을 위한 변수를 선언하는 것은 일반적인 변수선언과 다른 것이 별로 없다. 다만, 배열을 위한 변수 선언에서는 데이터 형 뒤에 혹은 배열 변수 이름 뒤에 대괄호([])가 뒤따라 온다는 것이 다르다.

```
int [] student_id;
int student_id[];
```

위의 예제 코드는 그 구성요소로서 정수형 변수를 갖는 배열을 선언하는 것을 의미한다.

물론, 정수형 뿐만 아니라 다른 데이터 형에 대해서도 배열을 위한 변수를 선언할 수 있다. 아래는 문자열 형의 배열을 위한 변수 선언을 보여준다.

```
String [] student_name;
String student_name[];
```

배열을 위한 변수를 선언하는 것 만으로는 실제로 배열을 사용할 수 없다. 배열 변수의 선언은 배열의 각 항목들을 위한 메모리 공간을 실제로 할당받지는 않기 때문이다. 실제로 메모리 공간을 할당받지 않은 상태에서 배열변수를 인덱스를 통해 접근 하려하면 Null PointerException 이라는 예외상황이 발생한다. 이를 해결하기 위해서 앞에서 객체 생성 시에도 사용한 적이 있었던 new 키워드를 사용한다.

```
student_id = new int[5];
student_name = new String[5];
```

위의 프로그램 코드는 선언된 배열 변수에 대한 메모리를 실제로 할당 받는다. new int[5]은 5개의 정수형 변수를 생성하고 이를 student_id 라는 배열변수를 통하여 접근할 수 있도록 한다. 마찬가지로, new String[5] 은 5개의 문자열형 변수를 생성하고 이를 student_name 이라는 배열 변수로 접근하도록 한다.

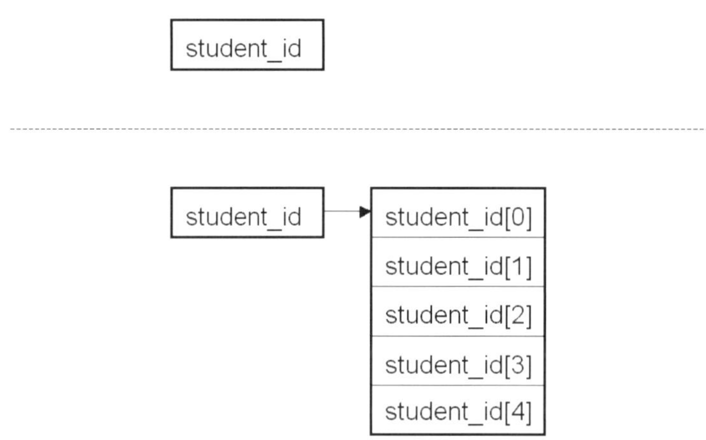

그림 29 참조변수와 배열

위 그림에서 점선 윗 부분은 "int[] student_id;" 문을 통해 배열을 선언한 뒤의 메모리 상의 모습이다. 단지 배열을 선언하는 과정에서는 배열 자체가 생성되는 것이 아니고 배열을 가리키기 위한 단일 메모리 공간만이 생성된다. 그리고 이 메모리 공간은 생성된 후 기본값으로 초기화 된다(자바 언어에서 참조형 변수에 대한 기본값은 null이다).

점선 아랫 부분은 이렇게 선언한 배열 변수에 키워드 new를 사용하여 배열을 생성한 뒤의 모습이다. 이제야 비로소 student_id를 저장할 수 있는 5개의 메모리 변수들이 생성된다.

배열의 각 요소들은 배열내에서 자신의 위치를 나타내는 인덱스를 가진다. 배열은 0부터 시작해서 1씩 증가하는 순서로 인덱싱 된다. 배열이 n개의 요소를 갖는다면 0부터 n-1까지하여 n개의 요소들을 나타낼 수 있다. 앞의 예에서는 5개의 요소를 갖는 배열을 생성하였고 각 요소에 접근하기 위해 0부터 4까지의 인덱스를 사용하였다.

지금까지는 배열의 선언과 생성과정을 앞에서 두가지 단계로 분리하여 소개하였지만 사실상 한 단계로 처리할 수도 있다.

```
int a = new int[10];
String[] student_name = new Strnig[];
```

위의 프로그램 코드는 배열의 선언과 생성을 동시에 한 것이다. 배열은 변수와 마찬가지로 사용전에 초기화 되어야 한다. 물론 배열에 데이터를 입력받는 경우는 관계없지만 대부분의 경우에 배열을 초기화 한 후 사용한다.

```
int[] student_id = {55, 18, 31, 22, 39};
```

위 예제는 student_id 배열을 초기화하는 한 방법을 보여주는 것으로 student_id[0] = 55, student_id[1] = 18, student_id[2] = 31, student_id[3] = 22, student_id[4] = 39로 설정된다. 주의할 것은 이렇게 초기화 값을 지정할 때에는 키워드 new를 사용하지 않는 것이다. 또, 명시적으로 배열의 모든 요소들에 대하여 초기화 값을 지정해 주어야 하므로 배열의 크기가 작은 경우에 주로 사용된다.

키워드 new를 사용하여 배열을 생성하였을 경우에는 배열의 각 요소들이 기본값으로 초기화 된다. 숫자형인 경우는 0으로, boolean형인 경우는 false로, 그 밖의 참조형인 경우는 null로 초기화 된다.

배열을 사용하는 많은 경우에 배열 내의 모든 요소들에 대하여 특정 연산을 수행할 필요가 많이 있다. 이 과정은 대부분 루프를 사용한 카운팅을 통해 인덱스를 하나씩 증가시키면서 수행된다. 루프는 배열의 요소 수 만큼의 카운트에 도달하였을 때 종료된다. 그러면 배열의 크기가 얼마나 되는지를 어떻게 알 수 있을까? 다행히도 자바 언어는 배열의 크기를 알려주는 방법을 제공하고 있다. 위의 student_id 배열의 경우의 예를 보겠다.

```
student_id.length
```

와 같이 사용하면 student_id 배열의 크기를 돌려준다. 따라서, 아래와 같은 코드를 작성할 수 있다.

```
int total = 0;
int count = 0;

while (count < student_id.length) {
        total += a[count];
        count++;
}
```

위 코드는 루프를 통해 student_id 배열의 각 요소들의 값을 total 이라는 변수에 모두 더해주는 역할을 한다. 앞에서 초기화한 student_id 배열의 경우를 따져보면 student_id 배열의 0번부터 4번요소가 각각 55, 18, 31, 22, 39로 초기화 되어 있으므로 위의 프로그램 코드를 실행한 결과 total 변수의 값은 165가 된다.

단원 연습문제

1. 다음 프로그램에 오류가 없는지 체크하여라.

```
public class  Hello2 {
        public static int main(String[] args) {
                System.out.println("Hello SCJP!");
                return 0;
        }
}
```

2. 다음 프로그램을 “java MainArgs blue green red”와 같이 실행하였을 때 화면에는 무엇이 출력되겠는가?

```
class MainArgs {
        public static void main(String[] args) {
        System.out.println("args[0] = " + args[0]);
        System.out.println("args[1] = " + args[1]);
        }
}
```

3. 다음 프로그램 실행결과로 “baz = 2” 문자열이 출력되도록 하려면, 다음 중 어느것이 올바른 실행방법인가?

```
public static void main(String args[]){
     String foo = args[1];
     String bar = args[2];
     String baz = args[3];
     System.out.println("baz = " + baz);
}
```

① java Test 4 2 4 2

② java Test 4 3 2 1

③ java Test 2222

4. 다음 중 50개의 문자열 객체를 배열로 선언하기 위해 올바른 것은?

① String a[50];
② Object ob[50];
③ String s[];
④ String []s;

5. 다음 중 float 변수 타입을 올바르게 선언한 3가지를 고르시오.

① float foo = -1;
② float foo = 1.0;
③ float foo = 42e1;
④ float foo = 2.02f;
⑤ float foo = 3.03d;
⑥ float foo = 0x0123;

6. 다음 중 올바른 변수선언은?

① #identifier
② _sum
③ initializedVar
④ 100miles
⑤ this

7. 다음 중 자바 키워드가 아닌것은?

① cases
② try
③ boolean
④ private
⑤ true

8. 다음중 byte 타입이 표현할 수 있는 범위로 올바른 것은?

① +27 to 27 -1
② 0 to 28
③ 28 to 28
④ -27 to 27 -1
⑤ +28 - 1 to 28

9. 다음 프로그램을 "java Foo I love you"와 같이 실행하였을 때, 화면에 출력되는 내용은?

```
public class Foo {
        public static void main(String[] args) {
                System.out.println(args[2] + args[1] +"me ?");
        }
}
```

10. 다음 프로그램을 컴파일한 결과는?

```
public class Foo {
        static int new, old;
        public static void main(String[] args) {
                old = new++;
                System.out.println("new = " + new + "old = " + old);
        }
}
```

11. 다음 중 char 형 변수에 대입하기에 올바른 값은?

① 'a'

② "a"

③ new Character(a)

④ \000a

12. 다음 프로그램을 실행한 결과는 어떠하겠는가?

```
public class Test {
  static int age;
  public static void main (String args [ ]) {
    age = age + 1;
    System.out.println("The age is " + age);
  }
}
```

13. 다음 설명은 올바른지 여부를 답하시오.

부호있는 데이터 타입은 표현가능한 양수와 음수의 범위(영역)가 같다

A. True

B. False

14 다음 중 올바른 식별자 선언을 모두 고르시오.

A. BigOlLongStringWithMeaninglessName

B. $int

C. bytes

D. $1

E. finalist

15. 다음 중 main함수 표현으로 올바른 것은?

A. public static void main()

B. public static void main(String arg[])

C. public void main(String [] arg)

D. public static void main(String[] args)

E. public static int main(String [] arg)

16. 한 소스파일 상위에 나타날 수 있는 세가지 요소들 순서대로 고르시오

A. Imports, package declarations, classes/interfaces/enums

B. Classes/interfaces/enums, imports, package declarations

C. Package declaration must come first; order for imports and class/interfaces/enum definitions is not significant

D. Package declaration, imports, class/interface/enum definitions.

E. Imports must come first; order for package declarations and class/interface/enum definitions is not significant

17. 다음 코드 세그먼트를 실행한 후에는 다음 중 어떤 설명이 올바른가?

```
int[] x = new int[25];
```

A. x[24] is 0

B. x[24] is undefined

C. x[25] is 0

D. x[0] is null

E. x.length is 25

2부 다이나믹(Dynamic) HTML

DHTML과 스타일 시트(CSS)

학습목표

- 다이나믹 HTML의 개념 이해
- 다이나믹 HTML의 구조 및 문법 학습
- 다이나믹 HTML의 활용

1. 다이나믹 HTML(DHTML)

다이나믹(dynamic) HTML은 줄여서 DHTML이라고도 부른다. 다이나믹 HTML은 웹 페이지를 제작하는데 사용되는 웹 개발 테크닉이며, 프로그래밍 언어라거나 웹 표준은 아니다. DHTML은 동적으로 사용자와 상호작용하는 웹 페이지를 만드는 기법이며, HTML, Javascript, HTML DOM, CSS이 결합하여 그 위력을 발휘한다. 즉, DHTML은 HTML의 문서 객체 모델(Document Object Model)을 다루는 방법을 제공하며, 일반적으로 자바스크립트와 함께 사용한다. 이 경우, HTML은 페이지의 컨텐트를 제공하고, 화면 디자인과 레이아웃은 스타일 쉬트(Cascading Style Sheet:CSS)를 통해 기술한다. 그리고, 자바스크립트는 사용자와의 상호작용을 위해서 활용된다. 이와 같이 DHTML은 HTML, CSS, Javascript 3요소를 복합적으로 사용하여 웹 페이지를 구축하는 기법이라 할 수 있다.

> HTML 표준을 정의한 W3C(World Wide Web Consortium) 에 따르면 Dynamic HTML은 HTML, 스타일 시트 스크립트를 통해 문서가 애니메이션 되는 것이라 할 수 있다.

DHTML은 예전 버전의 HTML에 비해 애니메이션이 강화되고, 사용자 상호작용에 좀더 민감한 웹페이지를 만들 수 있게 해주는, 새로운 HTML 태그, 옵션, 스타일 시트 및 프로그래밍 등을 의미하는 집합적인 용어이다. 다이내믹 HTML의 많은 부분이 HTML 4.0에 이미 수록되어 있다.

- 웹페이지와 구성요소들의 객체 지향적인 모습
- 콘텐츠에 CSS와 레이어를 사용
- 전부 또는 대부분의 페이지 요소를 제어할 수 있는 프로그래밍
- 다이나믹 글꼴
- 사용자가 마우스의 포인터를 갖다대면 텍스트의 색깔이 변한다거나
- 사용자가 이미지를 웹페이지의 다른 위치로 드래그&드롭 하는 것

위의 내용들이 다이나믹 HTML 기술에 해당한다. 다이나믹 HTML을 쓰면, 웹문서들을 마치 데스크탑 응용프로그램들이나 멀티미디어 제품처럼 보이고, 동작하게 할 수 있다. 즉, 이제는 이미 익숙해져 버린 웹 브라우저상의 많은 기능들이 다이나믹 HTML을 기반으로 동작하고 있는 것이다.

HTML 문서 객체모델 (DOM)	HTML 문서객체모델(DOM)은 W3C 표준이다. 이는 HTML의 문서 객체 모델을 나타낸다. HTML DOM은 HTML 문서를 접근하고 다루는 표준화된 방법을 정의한다. 따라서, DHTML에서는 HTML 요소(elements)를 접근하고 다루기 위하여 문서객체모델(DOM)을 사용한다.
HTML 이벤트(Event)	HTML 이벤트는 HTML DOM의 일부이다. DHTML은 웹 페이지를 생성하고 이벤트에 대해 반응하는 것을 포함한다.
CSS	CSS는 HTML 요소를 어떻게 표시할 것인가를 정의한다. DHTML은 Javascript과 HTML DOM을 사용해서 HTML 요소의 스타일과 위치를 변경할 수 있다.

1.1 Dynamic HTML (DHTML) 시작하기

여러분이 매일 접하는 인터넷 웹 사이트는 HTML로 제작된다. 본서의 앞부분에서 HTML 작성방법을 알아보았다. 다이나믹 HTML을 학습하기에 앞서, 올바른 HTML 페이지를 작성 방법을 익힌 후에 CSS를 추가하여 DHTML을 배우는 것이 올바른 순서다.

CSS는 HTML 의 표현방식을 기술하는 테크닉으로 HTML 페이지내 각 요소(element)들을 어떻게 표현할지 기술한다. 이 때, 요소(element)란 HTML의 한 조각이며, 문단, 이미지, 리스트 등으로, 특정한 태그 혹은 컨텐츠에 해당한다. CSS 스타일을 사용하면, DHTML 페이지는 외형과 페이지 내용은 독립적으로 작업할 수 있다.

원래 HTML은 SGML의 부분집합으로서, 프로그래머에게 문법적으로 강하게 구속하지 않는다. 예를들어, 태그 속성 문자열에 따옴표를 사용하는 경우와 사용하지 않는 경우 모두 정상적으로 작동한다. 또한, 속성값 설정을 넣거나 빼먹어도 관계없이 아무런 문제를 발생하지 않는다. 웹브라우저 관례상 의미로 유연하게 해석해서 화면에 보여준다. 그러나 CSS 는 다르다. CSS 에서는 문법상 요구된 사항에 적합하지 않으면 가차없이 에러를 발생시키므로, 에러 발생 빈도가 높다. 또한, 에러가 있어도 웹브라우저에 잘 표현되지 않는다. 이러한 부분이 단점으로 해석될 수도 있겠지만, 다른 측면에서는 철저한 문법상 규제를 통해서 프로그래밍의 모호성을 줄이고 보이지 않는 버그나 에러를 감소시킬 수 있다는 장점이 있다.

```
<html>
<body>

<script type="text/javascript">
document.write(Date());
</script>

</body>
</html>
```

1.2 HTML 문서객체모델

HTML 문서객체모델 (DOM: Document Object Model)은 HTML에 대한 표준화된 프로그래밍 인터페이스이다. HTML 문서객체모델은 플랫폼 독립적이고 언어 독립적인 W3C의 표준이다. HTML DOM은 모든 HTML 요소(element)들의 객체와 속성을 정의하며, 그것에 접근하는 방법 및 인터페이스를 제공한다. 결과적으로, HTML DOM은 HTML 내부의 특정 요소를 얻어내거나, 삭제/추가하며, 변경할 수 있는 표준화된 방법이라 할 수 있다. 다음 예제는 HTML 내부 헤더 부분에 원래 정의된 내용을 HTML DOM을 활용하여 변경하는 예를 보여준다.

```
<html>
<body>

<h1 id="header">Old Header</h1>

<script type="text/javascript">
document.getElementById("header").innerHTML="New Header";
</script>

</body>
</html>
```

원래의 HTML은 “Old Header” 문자열을 화면에 출력하도록 되어 있으나, document.getElementById("header").innerHTML = “New Header” 구문이 실행되면서 이 문자열을 “New Header”로 변경하였다. 이와 같이, 원래 정의된 HTML에 대해서 스크립트를 이용하여 특정요소를 접근하고 내용을 변경할 수 있다. 다음 예제는 HTML에 정의된 이미지를 새로운이미지로 변경하는 코드이다.

```
<html>
<body>

<img id=“image” src=“smiley.gif”>

<script type=“text/javascript”>
document.getElementById(“image”).src=“landscape.jpg”;
</script>

</body>
</html>
```

원래 HTML 코드에서는 화면에 smile.gif 를 표시하도록 되어 있으나, document.getElementById(“image”).src=“landscape.jpg”; 문장이 실행되면서 id=image 항목에 대해서 langscape.jpg 파일을 출력하도록 내용을 변경한 것이다.

1.3 HTML 이벤트

HTML 페이지상의 모든 요소(element)는 자바스크립트 코드를 실행할 수 있는 이벤트를 갖고 있다.

예를들어 HTML 페이지내 버튼 요소에 대해서 사용자가 클릭하는 이벤트를 onClick 이벤트로 처리할 수 있다. 이외에도, 다음과 같은 각종 이벤트에 대해서 핸들링할 수 있다.

- 마우스 클릭
- 웹페이지 혹은 이미지 로딩
- 웹페이지 상에 특정구역에 마우스 포인터가 위치하는 상황
- HTML 폼의 입력필드를 선택하는 상황

- HTML 폼에 입력내용을 채우고 전송하는 상황
- 키보드 입력 상황

다음 예제는 HTML 페이지내 h1 요소에 대해 사용자가 마우스로 클릭하는 순간 출력된 내용을 바꾸도록 하는 예제다. "이곳을 클릭하세요"라는 문자열을 클릭하면 내용이 "클릭했네요!"로 바뀐다.

```
<html>
<body>
<h1 onclick="this.innerHTML='클릭했네요!'">이곳을 클릭하세요</h1>
</body>
</html>
```

위 예제와 같이, onclick 이벤트를 처리하는 스크립트 코드를 HTML문서의 몸체(body) 영역에 두는 것 보다는, HTML 문서의 헤드(head)영역에 위치시키는 편이 좋다. 헤드영역은 웹브라우저가 HTML문서를 처음 읽어들일 때 미리 해석하여 준비하므로, 바디영역에 스크립트를 두는 것 보다 구조상으로 효과적이다. 따라서, 다음 예제는 위와 동일한 기능을 하는 프로그램을 헤드영역에 스크립트를 배치하도록 변환한 것이다.

```
<html>
<head>
<script type="text/javascript">
function changetext(id)
{
id.innerHTML="클릭했네요!";
}
</script>
</head>
<body>
<h1 onclick="changetext(this)">이곳을 클릭하세요</h1>
</body>
</html>
```

2. 캐스케이딩 스타일 시트(CSS)

캐스케이딩 스타일 시트(CSS)는 HTML의 표현을 기술하는 테크닉이다. 우리는 종종 흔글이나 MS워드 등의 문서편집기로 문서를 작성할 때 스타일 개념을 사용하곤 한다. 특정한 문단모양, 글꼴, 크기, 정렬방식 등을 스타일로 정하고 이것에 대해 이름을 붙여 놓으면 지정한 부분에 대해서 일괄적으로 동일한 스타일을 적용할 수 있다.

현재 HTML 요소의 스타일을 바꾸기 위해서는 다음 구문을 사용하면 된다.

```
this.style.property=new style
```

예를들어, 특정 문자열을 마우스로 클릭하는 이벤트에서 위의 스타일 변경 구문을 활용하면, 해당 문자열의 스타일이 동적으로 변경된다.

```
<html>
<body>
<h1 onclick="this.style.color='red'">Click Me!</h1>
</body>
</html>
```

해당 HTML 문서내 특정 요소(element)에 대해서만 스타일을 변경할 수도 있다. 예를 들어, 현재 HTML 문서의 모든 h1 요소에 대해서 마우스 클릭시 동적으로 스타일을 변경하도록 할 수 있다.

```
〈html〉
〈body〉
〈h1 id="h1" onclick="document.getElementById('h1').style.color='red'"〉Click
Me!〈/h1〉
〈/body〉
〈/html〉
```

2.1 캐스케이딩 스타일 쉬트(CSS)의 기본

캐스케이딩 스타일 쉬트의 기본 개념부터 살펴보자. HTML의 각 요소(element)에 대해서 고유의 스타일을 정의할 수 있다.

이러한 내용은 우리가 ᄒᆞᆫ글이나 MS워드 등의 워드프로세서에서 스타일 기능을 사용하는 것과 유사하다. 예를들어, 문서작업 할때 우리는 본문, 제목 등에 대해서 각각 서로 다른 글꼴 및 문단 모양을 지정해 두고, 스타일을 적용한다. 그러면, 향후 그러한 제목이나 본문에 대해서 매번 글꼴 및 문단모양을 지정하지 않아도 스타일만 적용하면 나머지는 자동으로 설정된다. 일단 한번 스타일을 지정하면 향후에 제목 부분에 대해서 다소 변경을 가하더라도, 문서 전체의 동일한 스타일이 적용된 부분에 대해서 일괄적으로 변경된 부분이 적용되므로 문제없다. 이와 동일한 개념이 다이나믹 HTML의 스타일이라 할 수 있다. HTML 문서 작업을 하는데 있어서도 마찬가지 개념이 필요하고, 동적으로 스타일을 변환하거나 그러한 스타일이 중첩될 수 있도록 기능적으로 조금 더 확장한것이 CSS라 할 수 있겠다.

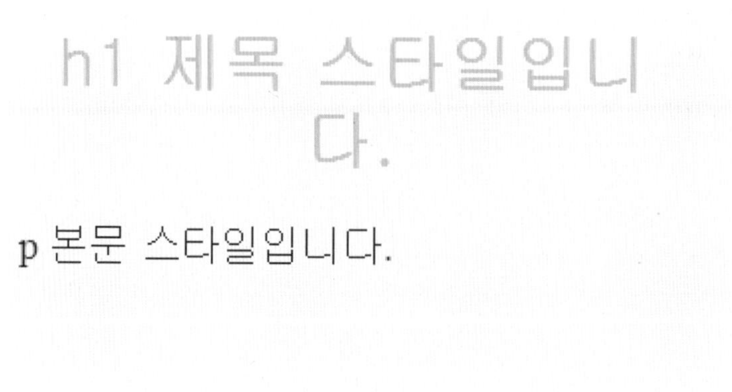

그림 30 css를 활용한 스타일 정의

```
<html>
<head>
<style type="text/css">
body
{
background-color:#d0e4fe;
}
h1
{
color:orange;
text-align:center;
}
p
{
font-family:"Times New Roman";
font-size:20px;
}
</style>
</head>

<body>

<h1>CSS example!</h1>
<p>This is a paragraph.</p>

</body>
</html>
```

그럼, 간단한 CSS 예제부터 살펴보며 이해하도록 하자. 메인 페이지의 스타일이 <h1> 태그 큰 빨강색의 중앙정렬된 문자열로 나타나도록 하고자 한다면

```
h1 {
  font-size : 300%;
  color : #FF0000;
  text-align : center;
}
```

우선 글자의 색깔과 배경의 색깔을 변경하기위해 STYLE 태그를 사용한다.

```
<style type="text/css">
body{color:black;background:white;}
</style>
```

style 태그는 시작태그와 끝태그가 있으며 그 사이에 스타일을 지정하는 문장이 들어간다. 그리고 대부분의 경우 style 태그는 HTML 문서의 HEAD 부분에 기록한다. 가능한한 HEAD 부분에 기록을 하는것이 표준화 되어있다. 물론, 피치못한 경우, BODY 안에 넣어도 대부분의 경우 동작한다. 다음과 같이 할 수 있다.

```
<html>
<head>
<title>replace with your document's title</title>
<style type="text/css"> body { color: black; background: white; } </style>
</head>
<body>
replace with your document's content
</body>
</html>
```

위 HTML 문장은 style 태그의 시작태그와 끝태그 사이에 스타일 문장이 기록되어 있다. 위 예제에서 <style type="text/css">에서 type="text/css" 부분은 없어도 된다. 따라서 <style> 로 간략히 줄여 쓸 수 있다. <style> 과 </style> 사이에는 스타일 문장이 들어간다. 이 스타일 문장은 스타일 규격에 맞도록 기록이 되어야 한다. 그렇지 않으면 에러가 발생하여서 웹브라우저에 어떻게 보여질지 예측할 수가 없다. 규칙은 태그 이름으로 시작을 하며 { 와 } 사이에 속성이 기록된다. 위 예에서는 body 태그가 바로 스타일 문장에서 사용된 태그이다. body 태그는 웹페이지의 전체적인 표현을 담당한다.

```
body { ...속성값 ... }
```

위와 같이 기록을 하고, 속성을 지정할 때에는 속성 이름을 먼저 기록하고 콜론을 기록

하며 그 다음에 속성의 값을 적어준다. 예를 들면 "color: white"와 같을 경우 color 가 속성이며 그 다음에 콜론이 왔다. 그리고 속성의 값인 white (칼라 값) 가 기록되었다. 이것이 하나의 속성을 지정한다. 속성을 지정하였으면 마무리는 세미콜론으로 한다. 즉, "color: white;"와 같이 끝에 세미콜론을 적어준다. 하나의 태그에 속성은 여러개 지정할 수 있다.

```
body { color: white; }
```

이렇게 body 태그에 color 라는 하나의 속성을 지정한 다음 또 속성을 지정할 수 있다. 예를 들면:

```
body { color:white; background: black; }
```

위 처럼 태그 이름을 적고 그 다음에 { 를 쓰고, 속성 이름 color를 쓰고, 콜론을 쓰고, 속성값 white 를 쓰고 속성의 끝을 나타내는 ;를 쓰고, 다시 새로운 속성 이름 backgournd를 쓰고 콜론을 찍고 속성값을 지정하고 세미콜론을 찍고... 속성을 다 지정했으면 }를 쓰고.... 이와 같이 하나의 문장(규칙)을 만들 수가 있다.

2.2 페이지 여백

margin-left, margin-right 속성을 통해서 왼쪽 오른쪽 여백을 줄 수 있다.
다음과 같이

```
<style type="text/css">
body{margin-left:10%;margin-right:10%;}
</style>
```

위 구문은 왼쪽, 오른쪽으로 10% 씩 여백을 주고 있다.

2.3 들여쓰기

제목과 헤더를 좀 더 잘 보이게 하려면 어떤 식으로든 표현을 해야한다. BODY 태그 뿐만 아니라 H1, H2 등에도 여백을 주어서 들여쓰기를 할 수 있다.

다음과 같이

```
〈style type="text/css"〉
  body { margin-left: 10%; margin-right: 10%; }
  h1 { margin-left: -8%;}
  h2,h3,h4,h5,h6 { margin-left: -4%; }
〈/style〉
```

위 예제는 body 와 h1, 그리고 h2 부터 h6 까지 총 3가지 규칙이 있다.

웹 페이지에서 body 부분은 10% 의 여백이 있습니다. 여기에 h1 태그에 음수로 여백 값을 지정하면 들여 쓰기 형태로 표현이 된다.

2.4 상, 하 여백

margin-top속성은 위쪽 여백을 나타내며 margin-bottom 은 아래쪽 여백을 나타낸다. H2 태그에 기본적인 여백을 지정하기 위해서는 아래와 같이 하면 된다.

```
h2 { margin-top: 8em; margin-bottom: 3em; }
```

위 구문에서 em은 font의 크기를 지정하는데 사용된다. 1 em은 폰트의 높이를 나타낸다. 웹브라우저마다 pixels이나 points의 수치 계산이 틀리다. 가장 안전한 방법은 em의 사용이다.

위 예제 처럼 규칙을 만들면 모든 H2 태그에 여백이 지정되고, 특정 H2 태그에만 여백이 지정되게 하려면 규칙에 이름을 지어야 한다.

다음과 같이 할 수 있다.

```
h2.subsection { margin-top: 8em; margin-bottom: 3em; }
```

규칙에 이름을 짓는 것은 먼저 태그 이름으로 시작을 한다. 그리고 점을 찍고 규칙의 이름을 기록한다.

위 처럼 규칙을 만들면 h2 태그에 subsection 이라는 규칙을 만든 것이다. 그리고 이의 사용은 다음과 같이 한다.

```
<h2 class="subsection">Getting started</h2>
```

2.5 칼라 지정

칼라를 지정하는 예제는 처음의 body 태그에 다음과 같이 나타난다.

```
body {
color:black;
background:white;
}
strong{color:red}
```

위 예제는 검은색 글씨에 흰 바탕을 표현하는 규칙을 정한 것이다. strong 태그는 붉은색으로 글씨를 표현한다.

2.6 보더와 백그라운드 지정

위 보더를 지정하는 것은 쉽다. H1~H6, P 태그 뿐만아니라 DIV 등 각종 태그에 보더를 나타낼 수 있다. 다음의 예를 보면

```
div.box { border: solid; border-width: thin; width: 100% }
```

위 예제는 div 태그에 사용할 box 라는 이름의 규칙을 만든 것이다. 다음과 같이 사용될 수 있다.

```
<div class="box">
```

```
ThecontentwithinthisDIVelementwillbeenclosed
inaboxwithathinlinearoundit.
</div>
```

보더의 타입에는 dotted, dashed, solid, groove, ridge, insert, outset 등이 있다. border-width 속성은 보더를 그릴 너비를 나타낸다. 두께는 thin, medium, thick 등이 있으며 0.1em 과 같이 직접 지정할 수 있다.

다음과 같이 background 속성을 지정하기만 하면 된다.

```
div.box { border: solid; border-width: thin; width: 100%; background: white; }
```

2.7 링크에 칼라 표현

URL 링크에 여러분이 원하는 칼라를 지정하는 것으로 하이퍼 텍스트 링크(hypertext links)를 만들때 각 동작별로 색깔을 다르게 지정할 수 있다. 이미 방문한 링크의 경우 색깔, 또는 마우스가 링크를 가르킬때의 색깔 등을 표현할 수 있다. 다음을 보면

```
:link { color: rgb(0, 0, 153) }  /* for unvisited links */
:visited { color: rgb(153, 0, 153) } /* for visited links */
a:active { color: rgb(255, 0, 102) } /* when link is clicked */
a:hover { color: rgb(0, 96, 255) } /* when mouse is over link */
```

링크에 나타나는 언더라(밑줄)인을 없애고 싶다면 아래와 같이 하면된다.

```
a.plain { text-decoration: none }
```

다음과 같이 사용하면 된다.

```
This is <a class="plain" href="what.html">not underlined</
```

§ DHTML객체종류

A) 도큐먼트 객체들-HTML태그당 하나의 DHTML객체 타입

!doctype	a	acronym	address	applet	area
b	base	baseFont	bdo	bgSound	big
blockQuote	body	br	button	caption	center
cite	code	col	colGroup	comment	dd
del	dfn	dir	div	dl	dt
em	embed	fieldSet	font	form	frame
frameSet	head	hn	hr	htnl	j
iframe	img	input	ins	isIndex	kbd
label	legend	Li	link	listing	map
marquee	menu	meta	nextID	noBR	noFrames
noScript	object	ol	option	p	param
plainText	pre	rt	ruby	s	samp
script	select	small	span	strike	strong
style	sub	sup	table	tBody	td
textArea	tFoot	th	tHead	title	tr
tt	u	ul	var	wbr	xml
xmp					

B) 디폴트 객체-초기 자동으로 생성되는 객체

이름	설명
window	윈도우마다 하나씩 존재하는 객체, 최상위객체
document	HTML문서 당 하나씩 존재하며 모든 도큐먼트 객체들의 루트 객체
history	현재 윈도우에서 사용자가 방문한 URL의 히스토리를 가진 객체
location	현재 문서의 URL에 관한 객체
navigator	현재 사용중인 브라우저에 관한 정보를 가진 객체
clientInformation	Navigator와 동일한 객체
screen	사용자 모니터 스크린의 물릭적인 정보를 가진 객체

C) 임시 객체-문서 처리 중 동적으로 생성되는 임시 객체

이름	설명
clipboardData	시스템에서 cut/copy/paste를 위해 사용되는 클립보드 객체
dataTransfer	드래그 앤 드롭(drag and drop)동안 전달된 정보를 가진 객체
Event	현재 발생한 이벤트에 관한 여러 정보를 가진 객체
Popup	Window.createPopup()에 의해 생성된 팝업 창 객체
Selection	화면에 출력된 스트링이 선택된 경우 그 스트림에 대한 정보를 가진 객체

D) 속성객체-객체의속성,스타일,텍스트 정보를 표현하는 객체

이름	설명
attribute	HTML태그의 속성 정보를 가진 객체
style	HTML태그 내에 주어진 style 속성을 반영하는 스타일 객체
runtimestyle	객체의 스타일에 관한 정보를 가진 객체로서 style보다 우선한다.
currentStyle	객체가 현재 영향을 받고 있는 모든 스타일 정보를 포함하는 스타일 객체
rule	객체에 사용될 CSS 속성을 정한 룰에 관한 정보
textNode	텍스트 스트링 정보를 가진 객체
textRange	DHTML객체 내부의 텍스트 정보를 액세스하기 위한 객체
textRectangle	브라우저 화면에 출력되는 한줄의 텍스트 정보를 액세스하기 위한 객체

E) 기타객체

이름	설명
custom	사용자 정의 객체
namespace	객체의 behavior를 동적으로 문서에 도입하는 객체
defaults	객체의 behvior의 디폴트를 설정하는 객체
external	외부 객체 모델을 액세스하기 위한 객체
userProfile	사용자 프로파일 정보를 액세스하기 위한 객체

§ DHTML객체구조

- style객체 : 위에서 본바와같이, 도큐먼트 객체의스타일 속성을 가지고 있는 객체이다, HTML태그에서 사용되는 스타일속성은 style객체내에서 backgroundColor,border Bottom의 프로프티로 존재한다.
  ex1) obj.style.backgroundColor = "green";
  ex2) obj.stylw.cssText = "background-color:green; border-color: blue";

- 부연설명 : CSS(Cascading Style Sheet)란, HTML문서의 텍스트, 폰트, 색 등 문서를 구성하는 여러가지 요소들을 다양하게 제어하여 작성자가 원하는 데로 문서를 표현한다. 현재 CSS는 레벨2까지 나와 있으며 http://www.w3.org/Style/CSS/에가면 CSS에 관현한 다양한 정보와 명세서를 볼 수 있다.

§ DHTML객체에 접근하는 방법들

▶ id를 이용한 객체 인스턴스 접근

1) id에 주어진 스트링을 객체인스턴스의 이름(레퍼런스)으로 사용하면된다. 예제6-2 예문을 이용하여 구체적으로설명하면 아래예제의 HTML문서에서는 id가 "firstHR", "secondHR"인 두 개의 hr인스턴스가 존재한다. 웹 브라우저의 초기 화면에서 "수평선 두께 변경" 버튼을 클릭하면 버튼 객체인 <input type="botton"..)내에 onclick핸들러가 실행되고 이 핸들러는 changSize(10,30)을 호출한다.

2) id를 이용하여 hr객체의 두께를 변경하는 예제

```
<html>
 <head><title>예제</title>
 <script>
 function changeSize(size1, size2) {
  firstHR.size = size 1; //두께 변경
  firstHR.noShade = true; //그림자 사용 않음
  secondHR.size = size2; //두께변경
 }
 </script>
 </head>
 <body>
```

〈h3〉id를 이용하여 hr객체의 두께를 변경하는 예제〈/h3〉
〈hr noshade〉
〈p id="firsP"〉안녕하세요.
〈span id="sp'〉수평선〈/span〉의 두께를 변경하여 봅시다.〈/p〉
〈hr id="firstHR"〉
〈hr id="secondHR"〉
〈botton onclick="changeSize(10, 30)"〉수평선 두께 변경〈/button〉
〈/body〉
〈/html〉

▶ all,children을 이용한 자식 객체 인스턴스 접근

1) 모든 도큐먼트 객체는 all,children,sibling등의 컬렉션 속성을 가지고 있다.

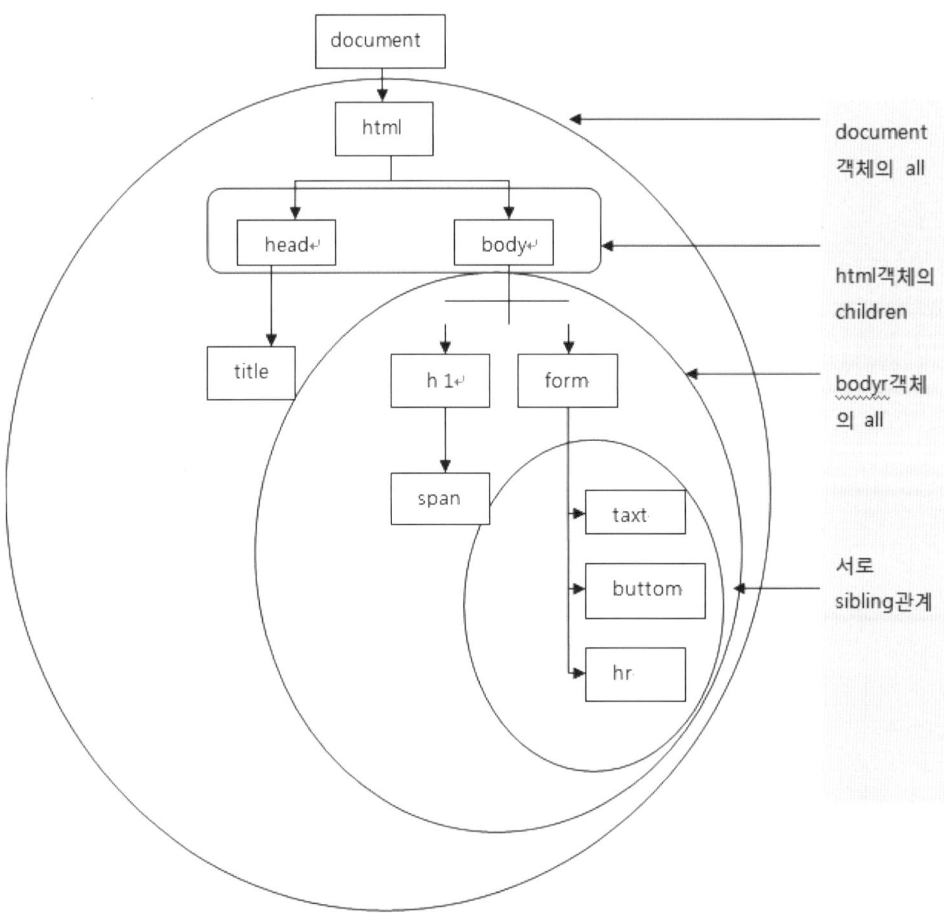

그림 31 DHTML의 document object 구조

2) all,children 컬렉션을 이용한 객체 접근 예제

```
<html>
<head><title>예제 </title>
<script>
function changeSize(size1, size2)
{
 document.all("firstHR").size = size1; //두께 변경
 document.all("firstHR").noShade = true; //그림자 사용 않음
 secondHR.size = size2; //두께변경
}
function changeP(color)
{
 //firstP.children("sp").style.color = color;
 //document.all(7).all(0).style.color = color; //가능
 //document.all(7).children(0).style.color = color; //가능
 document.all.firstP.all.sp.style.color = color; //가능
 //document.all("firstP").all("sp").style.color = color; //가능
 //document.all("firstP").children("sp").style.color = color; //가능
         //firstP.sp.style.color = color; //실행되지 않음
}
</script>
</head>
</html>
```

▶ **this를 이용하여 객체 자신에 접근**

1) 자바스크립트언어에서 this는 현재 객체 자신을 언급하는 키워드

2) this를 이용한 객체접근 예제(this는 button객체 자신을 표현함)

```
<html>
<head><title>예제 </title>
<script>
function change(obj, size, color)
```

```
{
  obj, size, color = color;
  obj, size, fontSize = size;
}
</script>
</head>
<body>
<h3>this를 이용한 객체 접근 예제</h3>
<hr noshade>
<button id="zz" onclick="change(this, 30, 'red')">버튼</button>
<button id="zz" onclick="change(this, 30, 'blue')">버튼</button>
<div style="border:magenta dotted 4"
 onclick="change(this, 30, 'orange')"}
div객체도 클릭하면 변화가 일어나지요.
</div>
</body>
</html>
```

3) name을 이용하여 객체에 접근하는 방법도, HTML태그내에 name 속성에 이름을 주고 이 이름으로 접급하는 방식으로 윗예제와 같음 :id와 name으로 객체에대한 접근이 모두 허용되지만 name은 주로 폼이 서버로 전송될 때 폼 요소들의 값을 전달하기 위한 방편으로 사용됨(DHTML에서 제공하는 많은 프로퍼티들을 액세스할 수 없는 단점이 있어 가능하면 id를 이용하여 객체를 제어하도록 하는 것이 좋음)

3부 자바스크립트(JavaScript)

자바스크립트 개념

학습목표

- 자바스크립트의 개념을 이해한다.

1. 자바스크립트 소개

월드 와이드 웹(World Wide Web: WWW)가 처음으로 등장했을 때에는, 하이퍼텍스트 마크업(Hypertext Markup) 언어인 HTML이 웹 페이지를 만드는 데 사용할 수 있는 유일한 언어였다. HTML은 "Mrakup" 언어의 특성상 많은 한계가 있다. 자바스크립트와 같은 강력한 스크립트 언어의 출현으로 인해 웹 브라우저에서 제공할 수 있는 표현능력이 증가하고 있다. 특히, 몇 년전 구글(Google)이 발표한 구글어스 웹 사이트는 순수하게 자바스크립트 기술만으로 작성된 웹 사이트이다. 구글어스 웹사이트가 나오기 전까지만 해도, 자바스크립트는 웹사이트를 구축하는 주요 기술이라기 보다는, 다른 기술을 보조하는 수준의 기술로 활용되고 있었다. 하지만, AJAX 등과 같은 자바스크립트의 유용하지만 숨겨져 있던 기술들이 최근에 활용되기 시작하면서, 자바스크립트의 유용성을 널리 알리게 되었다.

1.1 자바스크립트의 기원

넷스케이프 社(Netscape Corporation)가 자바스크립트언어를 개발했다. 자바스크립트는 전통적인 프로그래밍 언어는 아니다. 자바스크립트를 처음으로 개발할 당시 이름을 라이브스크립트(LiveScript)로 부르고자 하였으나, 당시 Java 언어가 대중화 되어가던 시기였던 데다, 언어적인 유사점을 고려하여 선 마이크로시스템즈(Sun Microsystems)와 계약을 체결하고 JavaScript라 이름을 지었다. 자바스크립트는 HTML 문서 내에 작성하므로 클라이언트측에서 동작한다. 반면, 라이브와이어(LiveWire)라 불리는 서버측 자바스크립트 기술은 back-end 서버에서 프로세스로 동작한다. 서버측 솔루션에는 그 밖에도 현재는 잘 활용되지 않는 CGI(Common Gateway Interface) 등과 같은 응용이 있다. 자바스크립트는 Navigator 버전 2.0에서 지원을 시작으로 Internet Explorer, Mosaic, Lotus Personal Web Client 등 과 같은 보편적인 브라우저에서 지원하며, 현재 대부분의 웹 브라우저가 자바스크립트를 지원한다.

1.2 자바스크립트 소개

자바스크립트를 본격적으로 학습하기 전에 자바스크립트 언어의 특징에 대해 보다 자세히 알아보도록 한다.

자바스크립트는 스크립트 언어이다.

스크립트 언어는 프로그래밍 언어의 부분집합(subset)으로서 특정 목적에 맞는 프로그램을 손쉽게 제작할 수 있도록 디자인된 언어이다. Perl, Tcl/Tk 등이 대표적인 스크립트 언어이다. 운영 체제에 종속되지 않고, 특정 기계에에서만 실행되도록 컴파일되지 않는다. 대부분의 경우 스크립트 언어는 인터프리터 방식으로 한줄씩 번역되어 실핸외며, 플랫폼 독립적인 특성을 갖는다. 복잡한 목적의 프로그램을 작성하고자 한다면, C언어나 C++ 프로그래밍 언어를 사용해야 겠지만, 자바스크립트는 웹 브라우저서 구현하고자 하는 기능들을 매우 손쉽게 구현할 수 있는 인기 있는 스크립트 언어이다. 자바스크립트 외에도 우리는 일반적인 오피스 프로그램에서 이미 스크립트 언어를 사용하고 있다. Microsoft Excel 또는 Microsoft Word에서 매크로는 일종의 스크립트 언어로서, 특정한 작업을 조건 및 절차에 따라 수행하도록 프로그래밍 가능하다. 이렇게 스크립트 언어는 강력한 기능을 구현하기 위해 쉬운 구현방법을 제시한다.

JavaScript 객체 기반이 아닌 객체 지향

자바스크립트를 썬 마이크로시스템즈(Sun Microsystems: 현재는 오라클에 인수됨)가 개발한 프로그래밍 언어인 자바(Java)의 축소버전으로 오해하는 경우가 많다. 비록, 문법이 유사한 부분이 많이 있고, 자바와 자바스크립트 모두 웹 브라우저에서 동작할 수 있다는 점에서 비슷하지만, 실제로는 아무런 관련이 없다. 기본적인 설계에서부터 두 언어는 객체지향언어(object oriented language)와 객체기반언어(object based language)라는 차이를 갖는다.

객체지향언어는 프로그래밍 언어 분야에서 일반적인 용어이다. 객체 지향 프로그램은 객체에 기반한 모델링으로 프로그래밍할 대상을 표현한다. 속성과 기능의 집합으로 구성된 객체를 기반으로 객체간 상호작용에 의해 비즈니스 로직을 표현한다. 새로운 객체는 상위 객체의 속성과 기능을 상속받는다. 객체들의 상속에 따라 계층 구조를 표현한다. 하지만, 자바스크립트는 상속을 허용하지 않으므로 전통적인 의미에서 객체 지향 언어가 아니다. 그러나 자바스크립트는 객체 기반의 언어이므로 이미 정의된 내장객체들에 대해서는 기존의 객체지향언어와 유사한 방법으로 사용할 수 있다.

이벤트 기반의 처리 방식

월드와이드웹(World Wide Web:WWW)은 이벤트 모델을 기반으로 한다. 웹 페이지에서 항목을 클릭할 때 웹 브라우저에서는 이벤트가 발생한다. 과거의 프로그래밍 모델은 절차적(procedural) 프로그래밍 모델이었다. 절차적 프로그래밍 방법은 순차적인 방식으로 프로그램의 실행순서를 기술하고, 조건에 따라서 외부 입력과 상호작용한다. 사용자는 웹 페이지상에서는 클릭하는 행위, 마우스 커서를 움직이는 행위, 마우스 커서를 드래그&드롭하는 행위 등으로 해당 페이지를 제어할 수 있고, URL을 원하는 곳으로 변경할 수 있다. 이와 같은 사용자 행동의 예측불능성 때문에, 프로그래밍 모듈(서브루틴 또는 기능이라고 불리는)은 서로 독립적으로 작성되어야 하며, 사용자의 이벤트가 발생했을 때 그에 대한 응답을 처리하는 방식으로 프로그램 되어야 한다. 사용자가 하이퍼링크 위로 마우스를 이동하거나 버튼을 클릭하는 등의 행위를 할 때, 스크립트는 이러한 이벤트 발생시 프로그램의 특정함수를 실행하도록 연결할 수 있다. 또한, 스크립트에 대한 트리거로 이벤트를 사용하여 브라우저에게 특정한 행위를 하도록 지시할 수 있다. 이와 같은 자바스크립트 언어는 클라이언트측에서 활용되며 HTML 문서 내에 작성되므로 웹 페이지 본문의 일부로 간주된다. 브라우저가 스크립트 페이지를 화면에 표현할 때 자바스크립트 프로그램을 실행하고 사용자 이벤트에 대한 응답으로 프로그램된 작업을 수행한다.

플랫폼 독립성

자바스크립트 프로그램은 일반적으로 웹 브라우저상에서 실행되며, HTML 문서 내에서 실행하도록 설계되었기 때문에 운영체제나 특정한 하드웨어 플랫폼에 구속되지 않는다. 자바스크립트는 현재 거의 모든 웹 브라우저에서 지원하고 있으며, 초창기에는 Netscape Nevigator 2.0 이후 버전 혹은 Internet Explorer 3.0이후 버전부터만 프로그램을 실행 할 수 있었다.

물론, 각각의 웹 브라우저 제조사들은 자바스크립트를 자사의 특성에 맞도록 서로 다르게 구현하는 경향이 있다. 따라서, 프로그래머들은 모든 웹브라우저 상에서 동일한 자바스크립트 코드가 실행된다는 것을 보장할 수 없기 때문에, 웹브라우저의 종류와 버전에 따라 다르게 구현해야 하므로 프로그래밍의 복잡도를 증가시킨다. 즉, 가능한 한 많은 플랫폼 위에서 움직일 코드를 작성하기 위해서, 동일한 프로그램 로직을 여러 버전에 따라 구현해야 하는 수고가 뒤따른다. 이를 위해서, 프로그래머는 현재 사용자가 사용하고 있는 웹 브라우저를 실시간으로 알아내야 하는데, 이러한 방법은 자바스크립트가 제공하는 방법을 사용하면 된다. 이 방법은 이 장의 뒷부분에서 설명할 것이다.

신속한 개발

자바스크립트는 시간이 많이 걸리는 작업을 필요로 하지 않기 때문에, 신속하게 개발할 수 있는 장점이 있다. 그 이유는, 사용자 인터페이스를 구성하는 데 필요한 대부분의 기능들이, 이미 웹 브라우저에 의해서 마련되어 있으며, HTML에 의해 지원되기 때문이다. 예를 들면, 폼(form), 프레임(frame), 그리고 기타 그래픽 사용자 인터페이스 (GUI) 요소가 이에 해당한다. 따라서, 자바스크립트 프로그래머들은 웹 브라우저에서 이러한 기능을 구현할 때 그 방법에 대해서 걱정할 필요가 없다. 이러한 연유로 인하여, 개발속도가 향상되는 것이다.

배우기 쉬운 언어

자바스크립트의 구문과 규칙은 자바 프로그래밍 언어와는 직접적으로 관련없다. 따라서, 비록 다른 프로그램 언어를 모른다 하더라도 자바스크립트를 배우는 것과는 관계가 없다. 또한, 자바스크립트 언어는 C언어의 포인터 등과 같은 복잡한 개념이 없기 때문에 더욱 부담없이 배울 수 있다. 일반적으로 스크립트 언어는 일반적인 프로그래밍 언어의 복잡한 언어의 부분집합이다. 일반적인 프로그래밍 언어 보다는 더 적은 기능을 제공하지만 보통 배우기 쉽다는 장점이 있다. 만약, 프로그래밍 언어를 배우기 위한 선행단계로서 스크립트 프로그래밍언어를 선택하고 학습한다면, 향후 C언어나 C++ 프로그래밍 언어와 같은 일반적인 프로그래밍 언어를 학습하는데도 충분히 도움이 될 것이다. 왜냐하면, 스크립트 프로그래밍 언어도 프로그래밍의 기본기에 대한 개념을 얻을 것이기 때문이다. 따라서, 완전한 프로그래밍 언어를 배우기로 생각하고 있다면, 우선 자바스크립트와 같은 스크립트 언어를 먼저 학습하는 것을 강력하게 권하고자 한다.

자바스크립트 객체는 상태(state)와 행위(behavior)라는 두 가지 구성요소로 이루어진다. 상태는 정적인 특성이며, 행위는 동적인 특성을 갖는다. 객체 개념은 세상에 존재하는 모든 사물을 모델링 할 수 있다. 주변을 둘러보면 여러 가지 사물이 존재한다. 예를들어, 자전거를 보자. 자전거에는 페달, 손잡이, 그리고 브레이크가 있다. 그리고, "페달을 밟는다"라는 행위, "손잡이를 돌린다"라는 행위, 그리고 "브레이크를 잡는다" 라는 행위가 있다. 이와같이, 자전거를 하나의 객체로 모델링할 수 있으며, 그 밖의 다른 모든 사물들에 대해서도 객체로 표현할 수 있다. 따라서, 프로그래밍하고자 하는 특정한 프로세스 혹은 비즈니스 모델에 대해서도 모델링된 각각의 객체와 그 객체간의 커뮤니케이션을 통해 프로그램을 완성할 수 있다.

이 때, 변수는 식별자(identifier)라 불리는 state이며, 객체를 표현할 수 있는 정적인 성질을 갖는다. C언어에서처럼 자료형과 범위를 가진다. 메소드는 객체의 동적인 성질을 반영하는 것으로 C언어에서의 함수개념과 유사하다. 위에서 객체로 사물을 모델링할 때, 속성과 행위를 각각 변수와 메소드로 모델링 하는 것이다.

자바와 자바스크립트

비록 자바(Java)와 자바스크립트(JavaScript)는 이름은 서로 유사하지만 별개의 언어이다. 자바는 완전한 객체 지향 프로그래밍 언어(object oriented programming language)이다. Sum Microsystem에 의해 개발된 자바는 독립형 애플리케이션(응용 프로그램)과 자바 애플릿(applet)이라고 불리는 웹 브라우저에서 실행되는 특정한 형태로 제작된다. 애플릿은 자바 언어로 개발되어 웹페이지에서 〈APPLET〉 태그 (또는 HTML 4.0의 〈OBJECT〉)를 통해 웹 브라우저 특정 영역에 임베딩(embedding)되어 실행된다. 애플릿은 과거에 웹 사이트가 정적인 데이터만 처리하는 용도로 활용되던 시기에 동적인 데이터를 생성하거나 활용하는 장점으로 주목받았다. 또한, 완벽한 자바 프로그래밍 언어의 문법을 웹 브라우저 내에서 실행할 수 있다는 유용함으로 인해 많이 활용되었다. 그 외에도 웹 브라우저내에서 실행하는 HTML과 자바스크립트만으로는 제한적이었던 기능적 확장성 제공하여 웹 애플리케이션의 기능적 측면에서 큰 변화를 제공할 수 있었다. 하지만, 자바 애플릿은 느린 속도로 인해서 대중의 관심을 잃었고, 현재는 웹 프로그래밍 분야에서는 JSP가 그 역할을 대신하고 있다.

자바스크립트는 개체 기반 스크립트 언어(object based script language)이다. 비록 일부 자바의 표현의 문법과 기본적인 프로그램의 흐름 제어를 동일하게 사용하지만, JavaScript는 고립되고 Java를 필요로 하지 않는다. 사실, 둘 사이 유사점이 개체의 사용에 의한 것이다. JavaScript는 같은 회사에 의해 개발되지 않았지만 Java를 염두에 두고 개발되었다. 그림 32는 비슷한 방법을 설명한 것이다.

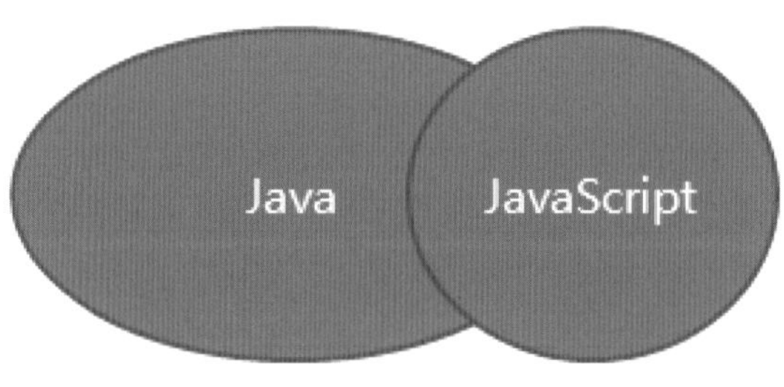

그림 32 JavaScript와 Java의 비교

표 1 자바스크립트(JavaScript)와 자바(Java) 언어의 비교

자바스크립트(JavaScript)	자바(Java) 언어
클라이언트에 의해 해석된다.(Compile되지 않은)	클라이언트에서 실행되기 전에 서버에서 편집된다.
클래스 상속 없이 확장 가능한 코드 내장 객체	객체 지향, 응용 프로그램 및 애플릿을 개체의 클래스 상속으로 구성되어있다.
선언되지 않는(산형 입력) 변화하기 쉬운 자료유형	변화하기 쉬운 타입은 선언되어야 한다.(강력한 입력)
동적 바인딩; 개체 참조는 런 타임으로부터 조사된다.	정적 바인딩; 개체 참조가 컴파일 중에 존재해야한다.
보안, 하드 디스크에 쓸 수 없다.	보안, 하드 디스크에 쓸 수 없다.
HTML안에 내제된 통합된 코드	

자바스크립트와 기타 스크립트 언어와의 비교

자바스크립트(JavaScript)와 비주얼베이직 스크립트(VBScript)는 비슷한 목적을 가지고 있는 스크립트 언어이다. 두 가지 모두 웹 페이지의 정적인 제약을 확장하는 목적으로 활용될 수 있다. 자바스크립트는 웹 페이지를 디자인하기 위해 개발된 첫 번째 스크립트 언어이다. 자바스크립트는 버전 2.0이 발표된 이후에 당시 널리 사용되던 Netscape Navigator의 브라우저에 통합되었다. 비주얼베이직(Visual Basic) 스크립트는 윈도우즈 프로그램을 손쉽게 개발할 수 있어 인기 있는 비주얼 베이직 언어를 기반으로 한 마이크로소프트(Microsoft)의 웹(Web) 스크립트 언어이다. 비주얼베이직 스크립트(VBScript)는 스스로 객체의 생성이 가능한, 내장 객체 클래스에만 의존하지 않는 역동적인 스크립트 언어이다.

자바언어와 자바스크립트 언어를 비교하였듯이, 비주얼베이직과 비주얼베이직 스크립트 언어를 비교해볼 필요가 있다. JavaScript가 Java와 언어적 유사성을 가진 독립적인 언어인 것 처럼, VBScript는 Visual Basic과 언어적 유사성을 가진 독립적인 언어이다. 즉, VBScript는 Visual Basic의 부분집합이다.

JavaScript, JScript 과 ECMAScript

자바스크립트(JavaScript) 언어의 마이크로소프트(Microsoft) 버전을 JScript라 부른다. 이들 두가지 스크립트는 공통적으로 자바스크립트 언어의 표준을 따름에도 불구하고, 웹 브라우저 특성에 따른 문법적인 차이점이 다소 존재한다. 비록 차이가 큰 편은 아니지만, 웹 사이트 구축시 항상 그 결과물에 대한 브라우저 호환성 문제로 나타나므로 항상 주의할 필요가

있다. 자바스크립트 언어를 개발한 측에서는 유럽 컴퓨터 제조업자 협회(ECMA)가 국제 표준으로 자바스크립트를 승인했다고 발표했다. 일부 모임에서는 자바스크립트가 ECMAScript로 널리 통용 된다고 공식적으로 알려져 있다. 따라서, ECMA는 표준 자바스크립트와 마이크로소프트의 JScript와의 차이점을 줄일 계획이다. ECMA 웹사이트에는 이미 다음과 같은 문구가 나타나 있다. "ECMA의 표준은 이미 잘 알려진 넷스케이프의 자바스크립트(JavaScript)와 마이크로소프트의 JScript에 의거한다." ECMAScript에 대한 자세한 정보를 보려면 ECMA의 홈 페이지를 참조하면 된다(http://www.ecma-international.org/).

JavaScript 버전

표 2는 자바스크립트(JavaScript)의 각 버전에 대한 정보와 이를 지원하는 넷스케이프 네비게이터(Netscape Navigator)및 마이크로소프트 인터넷 익스플로러(Microsoft Internet Explorer)의 버전을 정리해 두었다. JScript의 버전 및 지원 환경에 상응하는 제품도 나와 있다.

표 2 자바스크립트 버전과 브라우저 지원

버전	넷스케이프 내비게이터 지원	마이크로소프트 인터넷 익스플로러 지원
JavaScript 1.0 JScript 1.0	Navigator 2.x	Internet Explorer 3.x
JScript 2.0	N/A	Microsoft Internet Information Server 1.0
JavaScript 1.1	Navigator 3.x	N/A
JavaScript 1.2 JScript 3.0	Navigator 4.0~4.05	Internet Explorer 4.x Microsoft Internet Information Server 4.0 Microsoft Windows Scripting Host 1.0
JavaScript 1.3	Navigator 4.06~4.7x	N/A
JScript 4.0	N/A	Microsoft Visual Studio 6.0
JavaScript 1.4 JScript 5.0	Did not map to a release of Navigator	Internet Explorer 5.x
JavaScript 1.5	Navigator 6.0	N/A
JScript 5.5	N/A	Microsoft Internet Information Services 5.0

위와 같이 하나의 자바스크립트 표준에 대해서 이를 구현하는 여러 가지 구현(웹브라우저 및 일반적인 프로그램)에서 지원하는 사양이 각기 다르다. 현재는 마이크로소프트(Microsoft)의 인터넷 익스플로러(Internet Explorer)와 파이어폭스(Firefox), 사파리(Safari), 오페라(Opera) 등이 가장 인기 있는 브라우저이다. 따라서, 대부분의 웹 지원은 이러한 브라우저등을 타겟으로 하고있다. 이와 같이 다양한 자바스크립트 구현이 존재하지만, 다행히도 핵심적인 기능은 자바스크립트 각 버전 및 구현에 따라 크게 변화하지는 않는다. 각 웹 브라우저 구현에 따라 새로운 기능이 추가되거나 변경되기는 하나, 기본적인 특징은 그대로 유지되는 추세이다. 최근에는 아이폰, 안드로이드폰 과 같이 스마트폰에서 인터넷을 사용하는 경우가 많아져서, 기존의 웹 기술들이 모바일 웹 브라우저에 맞추어 진화하고 있다. HTML5가 가장 대표적인 것인데, 웹 브라우저 상에서 모바일 기기의 하드웨어 장치들에 접근할 수 있도록 인터페이스를 추가하는 일련의 작업(Device API)이 진행되고 있다.

서버측 구현과 클라이언트측 구현

특정 언어에 대한 인터프리터(해석기)가 웹 브라우저에 포함되어 있는 경우 이를 클라이언트측 자바스크립트(client-side Javascript)라고 한다. 일반적으로 자바스크립트 언어를 논할때에는 클라이언트측 응용을 의미한다. 자바스크립트 인터프리터의 스크립팅 기능과 웹 브라우저가 정의하는 문서 객체 모델(Document Object Model : DOM)을 결합시킨 것이다. 이 기술들은 서로 연계하여 유용하게 활용되므로, 무한한 시너지 효과를 유발한다. 예를들어, 문서 객체 모델은 자바스크립트 코드에서 객체의 계층 형태로 접근하며 문서 정보/의미를 해석하는데 도움을 준다. 이러한 방법에 대해서는 뒤에서 추가적으로 설명할 것이다.

본서는 클라이언트측 자바스크립트의 기본적인 내용부터 다양한 응용 예제까지 폭넓게 다룬다. 기본적으로, 자바스크립트는 클라이언트 웹브라우저의 사용자 입력 필수 항목이 입력되었는지 체크하는 과정을 비롯해서, 데이터가 특정한 형태로 정상적으로 들어왔는지 등을 확인하는 용도로 활발히 사용한다. 자바스크립트를 현명하게 사용하면 굳이 서버측으로 요청을 넘기지 않아도 클라이언트 웹브라우저 상에서 정보를 처리하고 서비스할 수 있으므로 매우 유용하다.

자바스크립트는 또한 서버측 구현으로도 사용될 수 있다. 예를 들어, 데이터의 필드에 입력된 내용을 서버에 전송한 뒤, 서버측 자바스크립트는 이 정보를 분석하고 응답을 제공하기 위해 사용될 수 있다. 이와같이, 자바스크립트를 가장 잘 활용하는 방법은 클라이언트측 솔루션과 서버측 해결을 동시에 통합하여 사용하는 것임을 기억해야 한다.

서버측 적용과 라이브와이어(LiveWire)

라이브와이어(LiveWire)는 자바스크립트의 서버측 솔루션으로서 웹페이지가 데이터베이스에 연결하는 것을 지원한다. 라이브와이어 기술은 프로그래머에게 클라이언트측 웹브라우저가 보내는 정보를 데이터베이스에서 검색하고 응답하는 것을 다루는 서버측 기술을 포함한다. Oracle, Sybase, MS SQL Server, MySQL 등의 관계형 데이터베이스를 조작하는 프로그래머에게 손쉽게 자바스크립트와 연결할 수 있도록 한다. 추가적으로, 라이브와이어는 위지윅(WYSIWYG : what you see is what you get) 방식의 그래픽 모드 기반의 데이터베이스 관리 프로그램을 제공한다. 자바스크립트는 서버측 혹은 클라이언트측에서 라이브와이어와 연동하여 함께 작동할 수 있다.

2. 자바스크립트 시작하기

본 장은 클라이언트측에서 자바스크립트를 활용하여 웹 프로그래밍하는 방법을 보여준다. 자바스크립트는 기본적인 제어, 반복 기능외에도 사용자와의 상호작용을 위한 대화상자, 프레임 등을 제공한다.

2.1 자바스크립트 코드를 HTML에 삽입하는 방법

자바스크립트 소스코드는 HTML 문서 내에 작성한다. 일반적으로 HTML 태그인 〈SCRIPT〉를 사용하여 지정된 영역에 자바스크립트 프로그래밍을 시작한다. JavaScript와 HTML 파일의 기본 구조는 다음과 같다. 2번째 줄에서 HTML의 〈HEAD〉 태그가 시작한다. 3번째 줄에서 HTML 문서의 제목을 나타내는 〈TITLE〉 태그가 시작한다. 그 다음 바로 〈SCRIPT〉 태그를 통해 자바스크립트 코드가 나타난다. 바로 이곳이 자바스크립트 코드가 가장 일반적으로 많이 삽입되는 위치이다.

```
Line 1 : 〈HTML〉
Line 2 : 〈HEAD〉
Line 3 : 〈TITLE〉Page Title〈/TITLE〉

Line 4 : 〈SCRIPT LANGUAGE="JavaScript"〉
Line 5 : 〈!-
Line 6 : //JavaScript 소스코드 1
Line 7 : // --〉
Line 8 : 〈/SCRIPT〉

Line 9 : 〈/HEAD〉
Line 10 : 〈BODY〉
```

```
Line 11 : HTML 페이지 내용
Line 18 : 〈/BODY〉
Line 19 : 〈/HTML〉
```

7번째 줄에 나타난 자바스크립트 특별한 표시인 // 는 자바스크립트에서 주석을 표현하는 것이다. 그림 33은 위 예제를 파이어폭스 웹 브라우저로 로드한 결과이다. 자바스크립트 코드가 들어가는 위치와 방법에 대한 소개일 뿐, 아직 실제적인 자바스크립트 코드는 들어가 있지 않기 때문에 현재상태로는 일반 HTML 문서에 비해 큰 차이가 없다.

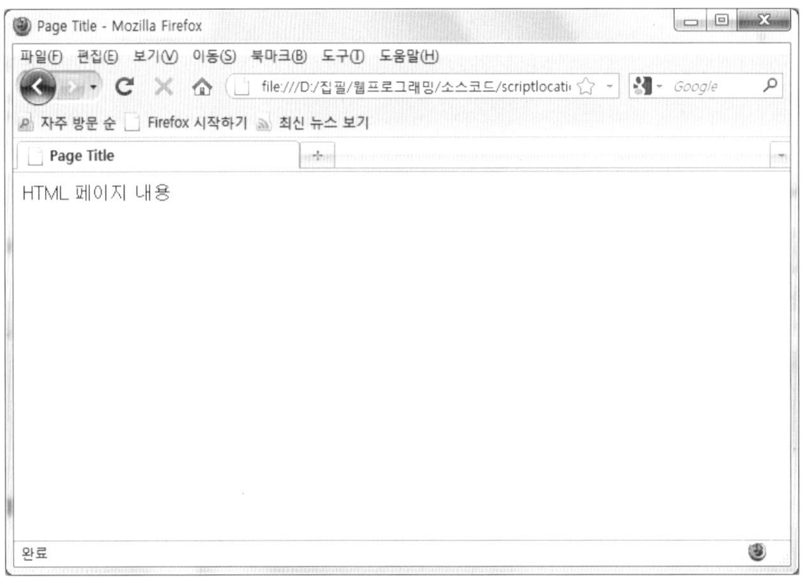

그림 33 자바스크립트가 삽입된 HTML 문서 실행 결과

2.2 자바스크립트의 HTML 상에서 위치

자바스크립트는 HTML페이지의 헤드(head)와 본문(body)에 위치할 수 있다. 이것은 〈SCRIPT〉 〈/SCRIPT〉 태그와 자바스크립트 코드를 HTML의 어느 부분에 위치하느냐에 따라 결정된다. 필요에 따라 HTML문서의 〈HEAD〉 또는 〈BODY〉 섹션에 위치시킬 수 있다 (혹은, 양쪽 모두에 위치하는 것도 가능하다). 페이지가 브라우저로 로드되는 동안 자바스크립트는 바로 실행된다. 여기서는 자바스크립트 코드를 HTML의 어느 위치에 넣어야 하는지에 대해서 살펴본다.

```
<html>
<head>
<script type="text/javascript">
function message()
{
alert("This alert box was called with the onload event");
}
</script>
</head>

<body onload="message()">
</body>
</html>
```

헤드 부분에 자바스크립트를 삽입하는것이 여의치 않을 경우, 이를 본문에 삽입할 수도 있다.

```
<html>
<head>
</head>

<body>
<script type="text/javascript">
document.write("This message is written by JavaScript");
</script>
</body>

</html>
```

웹 브라우저에 의해서 페이지가 로드되는 순간에 자바스크립트가 작동하도록 할 수도 있다. 이를 위해서는, HTML 문서의 body 태그에 onLoad 속성을 활용하면 된다. 아래 예제와 같이 onLoad 속성에 페이지가 로드될 때 실행할 자바스크립트의 함수 이름을 지정하면 웹 브라우저가 자동으로 이를 호출한다.

```
<html>
<head>
<script type="text/javascript">
function message()
{
alert("This alert box was called with the onload event");
}
</script>
</head>

<body onload="message()">
<script type="text/javascript">
document.write("This message is written by JavaScript");
</script>
</body>

</html>
```

주 의

HTML과 달리 자바스크립트는 대소문자를 구별한다. 자바 프로그래밍 언어의 특성을 그대로 받은 것이다. 따라서 자바스크립트를 사용해서 변수, 객체, 그리고 함수를 호출할 때 반드시 대소문자에 유의해야 한다.

2.3 HTML 4.0과 TYPE 속성

HTML 4.0의 규정은 <SCRIPT> 태그에 대한 타입 속성을 지정하는 것을 추천한다. 자바스크립트 언어를 사용하는 경우 이 속성은 다음과 같이 사용된다.

```
<SCRIPT TYPE="text/javascript">
```

TYPE 값은 MIME 타입 정의 형태로 사용한다. Netscape Navigator 6.0과 그보다 높은 Microsoft Internet Explorer 5.0과 그보다 높은 type 속성을 지원한다는 것을 유의해야 한다. 그것이 모든 JavaScript를 지원하는 브라우저로 아직도 지지되기 때문에 언어 속성은 필요에 따라 사용될 수 있다. 다음은 각종 MIME 타입 정의 형태를 보여준다.

MIME-Type	설명	확장자
application/acad	AutoCAD 드로잉 파일	dwg
application/clariscad	ClarisCAD 파일	ccad
application/dxf	DXF (AutoCAD)	dxf
application/msaccess	마이크로소프트 액세스 파일	mdb
application/msword	마이크로소프트 워드 파일	doc
application/octet-stream	바이너리 파일	bin
application/pdf	PDF (어도비 아크로뱃)	pdf
application/postscript	포스트스크립트 형식 어도비 일러스터	ai, ps, eps
application/rtf	리치 텍스트 포맷 파일	rtf rtf
application/vnd.ms-excel	마이크로소프트 엑셀 파일	xls
application/vnd.ms-powerpoint	마이크로소프트 파워포인트 파일	ppt
application/x-cdf	Channel Definition Format file	cdf
application/x-csh	UNIX C 쉘 스크립트	csh csh
application/x-dvi	텍(TeX) 출력 파일	dvi dvi dvi
application/x-javascript	자바스크립트 소스코드 파일	js
application/x-latex	LaTeX 소스 파일	latex
application/x-mif	FrameMaker MIF format	mif
application/x-msexcel	마이크로소프트 엑셀 파일	xls
application/x-mspowerpoint	마이크로소프트 파워포인트 파일	ppt
application/x-tcl	TCL 스크립트	tcl
application/x-tex	TeX 소스 파일	tex
application/x-texinfo	Texinfo (UNIX emacs 에디터)	texinfo, texi
application/x-troff	troff 파일	t, tr, roff t, tr, roff
application/x-troff-man	troff with MAN macros	man
application/x-troff-me	troff with ME macros	me
application/x-troff-ms	troff with MS macros	ms
application/x-wais-source	WAIS 소스 파일	src
application/zip	ZIP 압축 파일	zip
audio/basic	기본 오디오 (usually m-law)	au, snd

MIME-Type	설명	확장자
audio/x-aiff	AIFF 오디오	aif, aiff, aifc
audio/x-wav	윈도우 WAVE 오디오	wav
image/gif	GIF 이미지	gif
image/ief	Image Exchange Format file	ief
image/jpeg	JPEG 이미지	jpeg, jpg jpe
image/tiff	TIFF 이미지	tiff, tif
image/x-cmu-raster	CMU Raster 이미지	ras
image/x-portable-anymap	PBM Anymap 이미지 포맷	pnm
image/x-portable-bitmap	PBM Bitmap 이미지 포맷	pbm
image/x-portable-graymap	PBM Graymap 이미지 포맷	pgm
image/x-portable-pixmap	PBM Pixmap 이미지 포맷	ppm
image/x-rgb	RGB 이미지 포맷	rgb
image/x-xbitmap	X 비트맵 이미지	xbm
image/x-xpixmap	X 픽스맵 이미지	xpm
image/x-xwindowdump	X Windows Dump (xwd)	xwd
multipart/x-gzip	GNU ZIP 압축파일	gzip
multipart/x-zip	PKZIP 압축파일	zip
text/css	DHTML CSS 파일	css
text/html	HTML 파일	html, htm
text/plain	일반 텍스트 파일	txt
text/richtext	MIME 리치 텍스트	rtx
text/tab-separated- values	탭으로 구분된 텍스트	tsv
text/xml	XML 문서	xml
text/x-setext	Struct-Enhanced text	etx
text/xsl	XSL 스타일 시트	xsl
video/mpeg	MPEG 동영상	mpeg, mpg, mpe
video/quicktime	QuickTime 동영상	qt, mov
video/x-msvideo	마이크로소프트 윈도우 동영상	avi
video/x-sgi-movie	SGI 동영상 플레이어 포맷	movie

2.4 자바스크립트 버전에 따른 설정

앞서 언급한 바와 같이, 자바스크립트는 여러가지 버전이 존재한다. 만약 특정 버전의 자바스크립트 규약에 맞추어 프로그램을 작성하고자 한다면 〈SCRIPT〉 태그의 언어(language) 속성을 사용하면 된다.

```
<HTML>
<HEAD>
<TITLE>Page Title</TITLE>

<SCRIPT LANGUAGE="JavaScript1.5">
<!-
//JavaScript 1.5를 지원하는 소스코드
// -->
</SCRIPT>

</HEAD>
<BODY>
HTML page text
</BODY>
</HTML>
```

이 예제에서, 개발자는 자바스크립트 1.5 버전의 사용 요구한다. 만약 웹 브라우저가 자바스크립트 1.5 버전을 지원할 수 없으면, 스크립트 블록 전체가 무시된다.

2.5 외부 스크립트 파일로 자바스크립트 감추기

자바스크립트의 예제소스들은 HTML 문서내 포함되어 있기 때문에 웹 브라우저에서 소스코드 보기 기능을 통해 모든 자바스크립트 소스코드를 모두 확인할 수 있다 (그림 34 참조). 따라서, 자바스크립트는 일반적인 방법으로는 소스코드의 보안이 잘 되지 않는다는 것을 알수 있다. 여기서 보안이라는 것은 소스코드를 누구나 확인해 볼 수 있다는 뜻이다. 자바스크립트 소스를 담고 있는 특정 홈페이지를 열어 소스를 보면, 자바스크립트의 소스를 볼 수 있기 때문이다. 이렇게 되면 개발자가 며칠간 공들여서 만든 홈페이지의 소스코드를 누구나 열어 볼 수 있기 때문에 보안에 문제가 생긴다. 따라서, 자바스크립트 소스를 감추기 위해서는 독립된 파일을 작성하여 문서에 포함시키는 편이 좋다. 자바스크립트 파일을 따로 저장하고자 하면 자바스크립트 소스를 작성한 후 파일 확장자를 .js로 지정하면 된다. 그리고 나서 자바스크립트의 속성 중 src 속성을 이용하여 연결한다.

그림 34 웹페이지 소스보기 기능

자바스크립트 소스코드를 별도의 파일에 저장하고 이를 HTML 문서에서 로드해 사용한다. 일반적으로 HTML 문서내 자바스크립트 코드를 작성하는 방법보다는 이 방법이 더 많이 활용된다. 특히, 자바스크립트 소스코드가 복잡할 수록 이 방법이 더욱 유용하다. 향후 코드를 유지 관리(maintenance)해야 하거나 다양한 페이지에서 같은 코드의 사용법에 관해서 계획을 세우는 것은 도움이 된다. 외부 자바스크립트 파일은 별도의 HTML 〈SCRIPT〉 태그 없이 기본 자바스크립트 코드로 구성된다. 그 다음 〈HEAD〉 또는 〈BODY〉 태그 내에 다음의 SRC 속성을 통해 외부 자바스크립트 파일을 지정한다.

```
<SCRIPT LANGUAGE="JavaScript" SRC="JavaScriptcode.js">
<!-

/*
Avoid adding embedded JavaScript code. It will
      not be executed if the .js file is unavailable.
*/

// -->
</SCRIPT>
```

브라우저는 위의 <SCRIPT> </SCRIPT> 태그 내에 위치한 자바스크립트 소스코드를 자동적으로 읽어 들인다. 자바스크립트 코드는 반드시 <SCRIPT>와 </SCRIPT> 태그로 둘러 쌓여져 있어야 한다. 따라서, 추가적인 자바스크립트 코드를 실행하고자 한다면, 위의 <SCRIPT> </SCRIPT> 블록내에 자바스크립트 코드를 추가하거나, 아니면 별도의 <SCRIPT> </SCRIPT> 블록을 함께 추가해야 한다.

2.6 자바스크립트를 지원하지 않는 사용자를 위한 배려

어떤 사용자는 자바스크립트를 지원하지 않는 오래된 브라우저를 사용할 수도 있다. 따라서, 브라우저에서 JavaScript 코드가 실행되지 않을 수 있다. 그런경우, 사용자에게 그러한 상황을 알리기 위해 HTML의 <NOSCRIPT> 태그를 사용할 수 있다. <NOSCRIPT> 태그 구문은 다음과 같이 사용한다.

```
<SCRIPT LANGUAGE="JavaScript">
<!-

// 자바스크립트 소스코드

// -->
</SCRIPT>
<NOSCRIPT>
자바스크립트를 지원하지 않는 브라우저입니다.
</NOSCRIPT>
```

2.7 자바스크립트 실행순서

자바스크립트 코드의 실행은 특별한 제어나 분기구문이 없는 경우, 일반적인 프로그래밍 언어의 실행순서와 같이 위에서 아래로 순차적으로 실행된다. 아래 예제는 〈SCRIPT〉 태그 내 위치한 document.write() 구문을 순차적으로 수행하는 것을 보여준다.

```
〈script type="text/javascript"〉
document.write("〈h1〉 Line 1 〈/h1〉");
document.write("〈p〉 Line 2〈/p〉");
document.write("〈p〉 Line 3〈/p〉");
〈/script〉
```

만약, 하나의 HTML 문서 내에 여러개의 〈SCRIPT〉 태그이 위치한 경우, 〈SCRIPT〉 태그의 순서대로 위에서 아래로 수행된다. 물론, 함수를 정의하는 자바스크립트 구문인 경우 실제적인 함수의 수행은 그 함수가 호출되었을 때 시작한다.

2.8 코드에 주석 달기

여러분의 프로젝트가 진행됨에 따라 소스코드의 길이는 점차 길어지고, 프로그램 로직이 복잡해질 것이다. 따라서, 프로그램 소스코드를 읽고 이해하며 디버그하는 작업이 예상외로 어렵게 될 것이다. 이런 이유로 인하여, 코드의 각 중요 부분에 대해 그 목적과 기능에 대해서 프로그래머는 틈틈이 주석(설명) 배치할 필요가 있다. HTML 및 자바스크립트 프로그램의 기능에 아무런 영향을 끼치지 않도록 하기 위해 HTML이 특정한 주석 태그 "〈!--", "--〉"를 사용하는 것을 이미 학습하였다. 마찬가지로, 자바스크립트에서도 코드에 주석을 넣을 수 있다. 자바스크립트 주석문은 두 종류를 사용하는데, Java 언어 및 C++ 언어와 유사한 형태의 주석문을 사용한다. 즉, 한 줄 주석문은 "//"을 사용하며, 여러 줄 주석문은 "/*", "*/"을 사용한다. 아래 단락에서 이들 각각의 주석문에 대한 설명을 제공한다.

한줄 주석문

한줄 주석을 나타내는 //로 표시된 일부 코드행이 자바스크립트 프로그램 실행 중 무시된다. 이를 통해, 자바스크립트 프로그램 코드를 설명함으로써, 코드를 읽기 쉽게 만들 수 있다.

```
<SCRIPT LANGUAGE="JavaScript">
<!--
// 이곳에 자바스크립트 변수를 정의한다.
var firstNum = 20
var secondNum = 0    // this value will change
// -->
</SCRIPT>
```

```
<script type="text/javascript">
// 자바스크립트 프로그램의 제목
document.write("<h1> 테스트용 자바스크립트 </h1>");
// 자바스크립트 프로그램의 내용
document.write("<p>프로그램 실행 1</p>");
document.write("<p>프로그램 실행 2</p>");
</script>
```

여러줄 주석문

여러 줄 주석은 /* 로 시작해서 */로 끝난다. 한줄 주석으로는 충분하지 않은 경우, 즉 여러 줄에 걸쳐 설명을 사용할 필요가 있을 때 사용한다.

```
<SCRIPT LANGUAG="text/javascript">
<!--
/*
두줄 주석 사용법 : 함수 addNumbers()의 기능을 설명한다.
*/
function addNumbers() {
  //code for function
}
// -->
</SCRIPT>
```

```
〈script type="text/javascript"〉
/*
두줄 주석 사용법 : 아래 세 줄의 코드가 어떤 기능을 하는지 설명한다.
*/
document.write("〈h1〉테스트용 자바스크립트〈/h1〉");
document.write("〈p〉프로그램 실행 1〈/p〉");
document.write("〈p〉프로그램 실행 2〈/p〉");
〈/script〉
```

프로그램 주석문은 프로그램을 디버깅하는 용도로도 유용하게 사용된다. 주석 처리한 부분은 프로그램 실행이 방지되므로, 특정한 부분을 제외하고 프로그램을 실행해 볼 필요가 있을 때 유용하다. 프로그램이 의도한 것처럼 잘 실행되지 않는 경우 이러한 방법을 통해 한줄 한줄씩 정상적으로 실행하는지 체크해볼 필요가 있다.

2.9 JavaScript 블록

자바 언어나 C언어는 중괄호를 통해 각종 기본 블록(basic block)을 표현한다. 마찬가지로, 자바스크립트 구문은 역시 블록으로 둘러 쌓여질 수 있다. '{'로 시작하여 '}'로 끝나는 블록내 위치한 자바스크립트 코드가 하나의 기본 블록이 된다. 블록의 목적은 문장의 순서를 만드는 것이다.

```
〈script type="text/javascript"〉
{
document.write("〈h1〉테스트용 자바스크립트〈/h1〉");
document.write("〈p〉프로그램 실행 1〈/p〉");
document.write("〈p〉프로그램 실행 2〈/p〉");
}
〈/script〉
```

위의 예제는 단지 중괄호를 통한 기본블록의 사용법을 보여준 것으로, 블록이 정의되었을 때와 그렇지 않을 때 자바스크립트 프로그램의 실행상 차이점은 없다. 일반적으로 블록은 함수, 제어문, 조건문 등에 활용된다. 각각, 함수가 호출되었을 때 실행할 구문의 범위, 반복할 구문의 범위, 그리고 조건이 만족되었을 때 실행할 구문들의 범위를 지정한다.

다음은 특정한 구문의 실행을 방지하기 위해서 주석을 사용하는 경우다. 다음 예에서 주석은 단일 코드 행의 실행을 막기 위해 사용되었다.

```
<script type="text/javascript">
//document.write("<h1>테스트용 자바스크립트</h1>");
document.write("<p>프로그램 실행 1</p>");
document.write("<p>프로그램 실행 2</p>");
</script>
```

다음 예제에서 주석은 코드 일정한 블록의 실행을 막기 위해 사용되었다.

```
<script type="text/javascript">
/*
document.write("<h1>테스트용 자바스크립트</h1>");
document.write("<p>프로그램 실행 1</p>");
document.write("<p>프로그램 실행 2</p>");
*/
</script>
```

다음은 각 행의 끝 부분에 주석을 사용하는 경우이다. 주석문이 각 코드 행의 끝에 위치하며, 각 행이 프로그램에서 어떤 역할을 하는지 설명하기 위한 것이다.

```
<script type="text/javascript">
document.write("안녕"); // 화면에 "안녕" 문자열을 출력한다.
document.write("자바스크립트"); // 화면에 "자바스크립트" 문자열을 출력한다.
</script>
```

단원 연습문제

1. JavaScript가 HTML보다 뛰어난 것과 같이 스크립팅 언어의 이점은 무엇인가?

2. Java보다 더욱 뛰어난 기능을 제공하는 프로그램 언어인 JavaScript처럼 스크립팅 언어의 이점은 무엇인가?

3. JavaScript의 주요 특징을 3가지 이상 설명하시오.

4. Client-side Javascript가 실행되는 방식에 대해서 설명하시오

5. 자바스크립트에서 개체 개념에 대하여 설명하시오.

6. 프로그래밍에서, 개발자가 속성과 행동을 참조하는 3개 조항은?

7. JavaScript, VBScript와 JScript는 어떻게 다릅니까?

8. JavaScript의 서버측 기술의 이름은?

9. 당신의 JavaScript 코드에서 주석을 달기위해 사용할 수 있는 두 가지 타입의 comment indicator는 어떤 것이 있습니까?

3. 첫 번째 자바스크립트 프로그램, "Hello World"

자바스크립트 프로그램 작성 및 실행 방법을 알아보기로 하자. 우선, 자바스크립트 예제를 입력하기 위해서 메모장(notepad)과 같은 간단한 텍스트 문서 편집기를 활용하여 소스코드를 입력한다.

그림 35 메모장을 통한 자바스크립트 소스코드 입력 및 편집

여기서 사용할 예제는 자바스크립트로 웹페이지에 텍스트 문자열("Hello World")를 출력하는 프로그램이다.

```
〈html〉
〈body〉
〈script type="text/javascript"〉
document.write("Hello World!");
〈/script〉
〈/body〉
〈/html〉
```

그림 36 HelloWorld 소스코드

작성이 완료되면, 원하는 폴더를 지정하여 파일을 저장한다. 이 때 주의하여야 할 점은 메모장은 기본적으로 확장자가 txt 형태로 저장된다 (그림 37 참조). 따라서, 저장할 때 파일형식을 “모든문서”로 바꾸어 준 뒤 html 혹은 htm 확장자로 저장하면 편리하다.

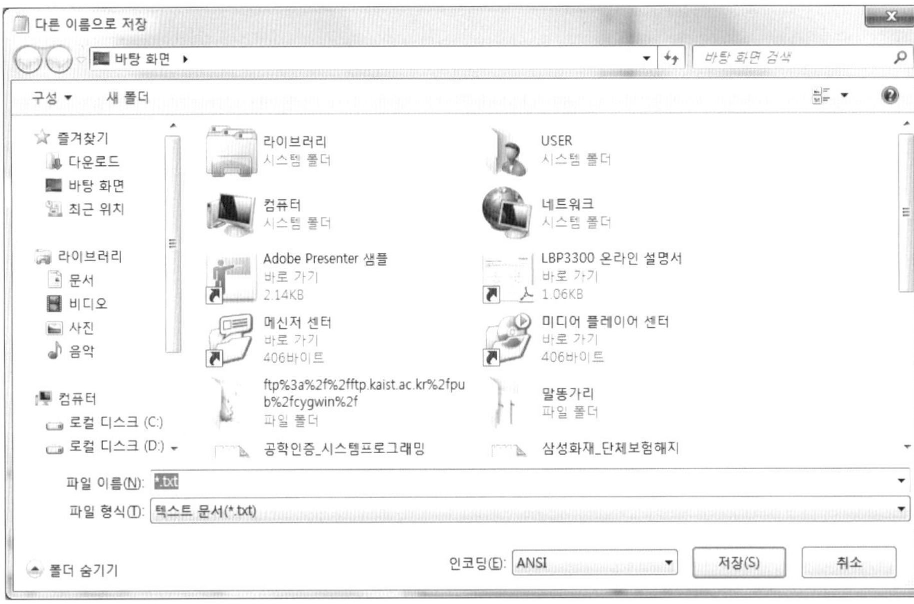

그림 37 메모장의 기본 저장 파일 형식

그런 다음, 웹 브라우저를 실행하여 자바스크립트가 포함된 웹 페이지를 로드한다. 파일 열기를 통해 저장했던 파일(여기서는 HelloWorld.html)을 불러온다. 그러면, 웹 브라우저 상에서 자바스크립트 프로그램이 수행되어 화면에 “Hello World!”라는 문자열을 출력한다. 그림 36의 소스코드를 분석하면 다음과 같다.

3번째 줄에서 HTML페이지로 자바스크립트 소스코드를 삽입하기 위해, 〈script〉 태그를 사용한다. 〈script〉 태그에서 스크립트 언어를 정의하는 속성을 사용한다. 따라서 3번째 줄의 〈script type=“text/javascript”〉와 5번째 줄의 〈/script〉는 JavaScript의 시작과 끝을 나타낸다. 4번째 줄의 document.write() 명령은 웹 브라우저 화면에 문자열을 출력하기 위해 사용되는 표준 자바스크립트 명령이다. 〈script〉와 〈/script〉 태그 사이에 document.write명령을 입력하면, 브라우저는 자바스크립트 명령으로 인식하고 해당 코드를 실행한다. 이 때 웹 브라우저가 화면에 “Hello World!” 문자열을 출력한 것이다. 참고로, 만약 〈script〉 태그를 사용하지 않았다면 브라우저가 document.write(“Hello World!”)명령을 일반적인 HTML 본문으로 간주할 것이다. 그림 38은 그림 36의 실행결과이다.

그림 38 HelloWorld.html의 자바스크립트 프로그램 실행결과

이상으로 간단한 Hello World 예제의 분석을 통해, 기본적인 자바스크립트 프로그램 구조와 개발방법에 대해서 알아보았다. 추가적으로, 어떤 사용자의 경우 자바스크립트를 지원하지 않는 브라우저를 사용할 수 있으므로, 그러한 경우를 대비하는 방법에 대해서 알아보도록 하자. 만약 웹 브라우저가 자바스크립트를 지원하지 않는다면, 웹 페이지 내용으로 자바스크립트 소스코드를 표시할 것이다. 따라서, 그러한 현상을 방지하기 위해 자바스크립트 소스코드 부분을 HTML 주석 태그로 숨기도록 하는 방법을 사용한다.

```
〈html〉
〈body〉
〈script type="text/javascript"〉
〈!--
document.write("Hello World!");
//--〉
〈/script〉
〈/body〉
〈/html〉
```

끝에 두 개의 슬래시 (//)는 JavaScript의 주석기호이다. --〉 tag는 JavaScript 실행을 방지한다.

4. 웹 브라우저 정보 알아내기

자바스크립트를 지원하는 HTML 페이지를 직접 작성하여 실습해 보자. “메모장”과 같은 텍스트 편집기를 통해 소스코드를 작성하면 된다. 여기서는 자바스크립트에서 웹 브라우저의 종류를 판별하는 소스코드를 테스트할 것이다. 이 소스코드는 향후 매우 유용하게 활용 가능하다. 앞서 이야기 했듯이, 자바스크립트 프로그램은 웹 브라우저에 따라 사용하는 문법에 다소 차이가 있다. 따라서, 프로그램을 실행하기 이전에 미리 사용자의 웹 브라우저 종류 및 버전을 확인하고, 그에 적합한 자바스크립트 소스코드를 선별적으로 실행해야 한다.

```
<HTML>
<HEAD>
<TITLE>Web Browser Identification Example</TITLE>
</HEAD>
<BODY>
<!-- Create <SCRIPT> block here -->
<SCRIPT LANGUAGE="JavaScript">
<!--
document.write(navigator.appName);
document.write("<P>");
document.write(navigator.appVersion);
// -->
</SCRIPT>
</BODY>
</HTML>
```

그림 39 메모장을 통한 HTML 소스코드 편집

예제는 내비게이터 (navigator) 객체를 통해서 사용자의 웹 브라우저 정보를 얻는다. 사용 중인 웹 브라우저의 이름은 appName 속성을 통해서, 웹 브라우저의 버전은 appVersion 속성을 통해서 알아낼 수 있다. 내비게이터 객체의 자세한 내용에 대해서는 본서의 뒷부분에서 상세히 다룰 것이다.

```
<HTML>
<HEAD>
<TITLE>Lab 1-1</TITLE>
</HEAD>
<BODY>
<!-- Create <SCRIPT> block here -->
<SCRIPT LANGUAGE="JavaScript">
<!--
document.write(navigator.appName);
document.write("<P>");
document.write(navigator.appVersion);
// -->
</SCRIPT>
</BODY>
</HTML>
```

여기서는 작성한 예제 코드를 WebBrowserIdentification.html 이름으로 저장하고, 각기 다른 종류의 웹 브라우저로 이 파일을 열어 보도록 하자.

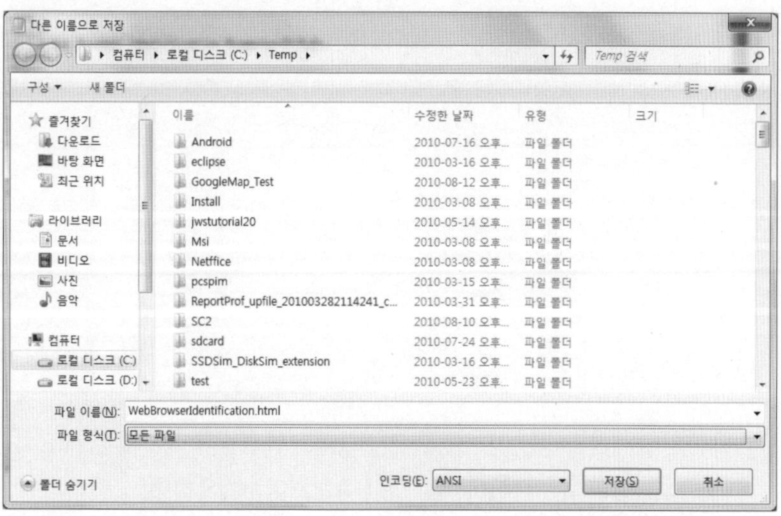

그림 40 메모장을 통한 소스코드 편집시 파일 형식 설정 주의사항

화면은 다음과 같이 나타나야 하며, 브라우저 내의 내용은 이번 강좌에서 사용했던 코드에 종속되어야 한다. 그림 41은 마이크로소프트의 웹 브라우저인 인터넷 익스플로러(Internet Explorer) 버전에서 WebBrowserIdentification.html 예제를 실행한 화면이다.

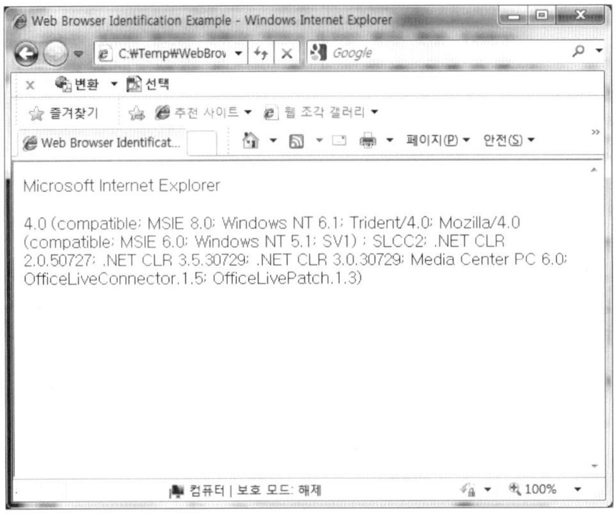

그림 41 인터넷 익스플로러 8에서 실행한 화면

그림 42는 파이어폭스(Firefox) 브라우저 3.6.8에서 WebBrowserIdentification.html 예제를 실행한 화면이다.

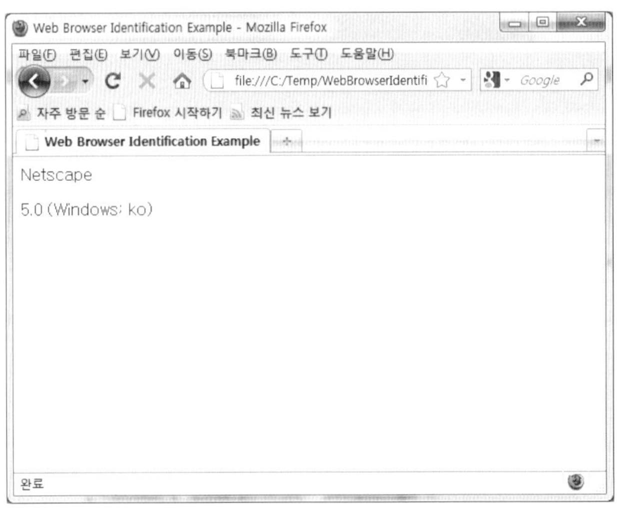

그림 42 파이어 폭스 3.6.8에서 실행한 화면

모질라(Mozila) 파이어 폭스(Firefox)는 넷스케이프(Netscape)를 근간으로 하는 웹 브라우저이기 때문에, 예제 실행 화면에 웹 브라우저의 종류가 Netscape로 표시된다. 이와 같이, 본 예제는 자바스크립트 프로그램이 사용자의 웹 브라우저를 인지하고 이에 적합한 프로그램을 수행할 수 있도록 하는 기능이다.

5. 외부 자바스크립트 파일 사용하기

자바스크립트의 예제소스들은 HTML 문서내 포함되어 있기 때문에 웹 브라우저에서 소스코드 보기 기능을 통해 모든 자바스크립트 소스코드를 모두 확인할 수 있다. 따라서, 자바스크립트는 일반적인 방법으로는 소스코드의 보안성이 떨어지는 점을 앞에서 설명한 바 있다.

비록 완전한 방법은 아니지만, 웹 브라우저의 소스보기 기능에 의해 무방비 상태로 자바스크립트 소스코드가 노출되는 현상을 방지 하기 위해서, 자바스크립트 별도의 독립된 파일로 작성하여 문서에 포함시키는 방법을 실습한다. 자바스크립트 소스를 작성한 후 파일 확장자를 .js로 지정하여 저장하고, HTML에서는 스크립트 태그 속성 중 src 속성을 이용하여 파일과 연결한다. 이 방법은 여러개의 페이지에서 동일한 자바스크립트 코드를 사용하고 싶은 경우에도 유용하게 활용될 수 있다. 동일한 자바스크립트가 사용된다고 해서, 소스코드를 여러 HTML 파일에 복사해 두면 향후 유지보수 측면에서 문제가 복잡해진다. 만약, 소스코드 중 일부를 수정하고자 한다면, 모든 복사된 자바스크립트 코드를 수정해야 하기 때문이다. 따라서, 중복적으로 사용될 자바스크립트 소스코드를 하나의 파일로 저장해 둔 뒤 모든 HTML 페이지에서 이를 읽어 들여서 사용한다. 현재 대부분의 웹 사이트에서 자바스크립트 코드를 이와 같은 방법으로 관리하고 있다.

주 의

참고로, 자바스크립트 소스코드를 포함하는 JS파일에는 <script> ~ </script> 태그를 사용하면 안된다. <script> 태그는 아래와 같이 HTML 코드 내에 사용해야 한다.

```
<html>
<head>
<script type="text/javascript" src="ExternalJavaScriptFile.js"></script>
</head>
<body>
</body>
</html>
```

6. 간단한 대화상자

대화상자는 사용자에게 간단한 통보메시지를 전달하거나, 사용자로부터 확인/취소 등의 입력을 받고자 하거나, 또는 사용자에게서 입력을 받고자 할 때 사용할 수 있는 팝업메시지이다. 이러한 대화상자는 앞으로 많이 활용하게 될 것이기 때문에 충분한 연습을 해두어야 할 것이다. JavaScript에서 3가지 종류의 대화상자를 제공한다. 경고 대화상자(alert box), 확인 대화상자(confirm box), 그리고 프롬프트 대화상자(prompt box)가 그것이다.

6.1 경고 메시지(alert box)

경고 대화상자는 경고 아이콘과 작업자가 지정한 텍스트가 들어 있는 표준대화상자로서 사용자가 OK 버튼을 누르면 대화상자가 사라지는 기능으로 현재 웹 화면에서 자주 볼 수 있는 자바스크립트의 대화상자이다. 일반적으로 프로그램 수행시 사용자에게 알려주고자 하는 정보를 표현하려는 경우에 경고 대화상자를 자주 사용한다. 경고 대화상자(alert box)에서 사용자 입력은 "OK" 버튼을 클릭하는 것 외에는 없다.

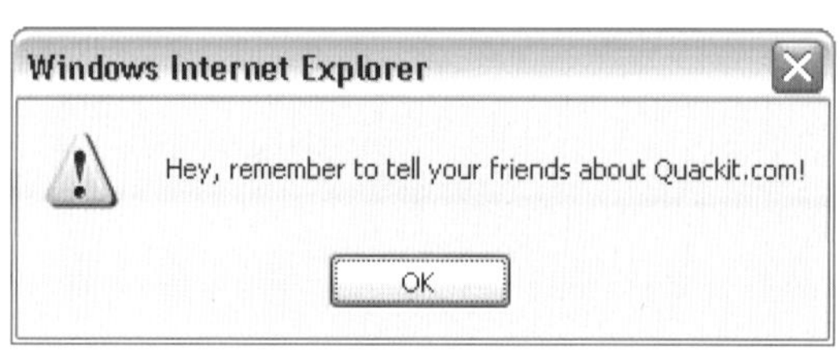

그림 43 경고 대화상자(alert box) 형태와 특징

사용형식

```
alert("sometext");
```

예제 코드

```
<html>
<head>
<script type="text/javascript">
function show_alert()
{
alert("I am an alert box!");
}
</script>
</head>
<body>
<input type="button" onclick="show_alert()" value="Show alert box" />
</body>
</html>
```

6.2 확인 대화상자(confirm box)

확인대화상자는 버튼이 두 개 표시되며, 경고대화상자와 비슷하다. 대화상자에서 "확인"과 "취소" 버튼이 나타난다. 사용자가 "확인" 버튼을 누르면 프로그램 상에서는 불린(boolean) 타입 결과값으로 "true"로 받으며, "취소" 버튼을 누르면 프로그램 상에서 "false"로 값을 받는다. 프로그램 진행중 사용자로부터 무엇인가를 확인하거나, 의사표시를 받고자 하는 경우 확인 대화상자가 매우 유용하게 사용된다.

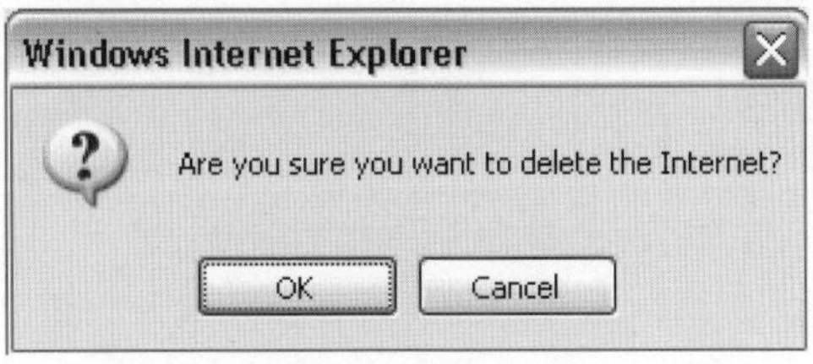

그림 44 확인 대화상자 형태와 특징

사용형식

```
confirm("sometext");
```

예제 코드

```
<html>
<head>
<script type="text/javascript">
function show_confirm()
{
var r=confirm("Press a button");
if (r==true)
  {
  alert("You pressed OK!");
  }
else
  {
  alert("You pressed Cancel!");
  }
}
</script>
</head>
<body>

<input type="button" onclick="show_confirm()" value="Show confirm box" />

</body>
</html>
```

6.3 프롬프트 대화상자 (prompt box)

프롬프트 대화상자에는 경고대화상자나 확인 대화상자와는 다르게, 사용자 입력을 받아서 입력받은 내용을 프로그램에 돌려줄 수 있다. 따라서, 프로그램 수행 전에 입력값을 받아 이 값을 바탕으로 프로그램 진행을 제어하고자 한다면 프롬프트 대화상자(prompt box)가 적합하다.

Prompt Box가 떴을 때 진행하기 위해 사용자는 "OK" 혹은 "취소"를 클릭해야 할 것이다. 만일 사용자가 "OK"를 클릭하면 박스는 입력된 음질을 반사한다. 만일 사용자가 "취소"를 클릭하면 박스는 0을 돌려준다.

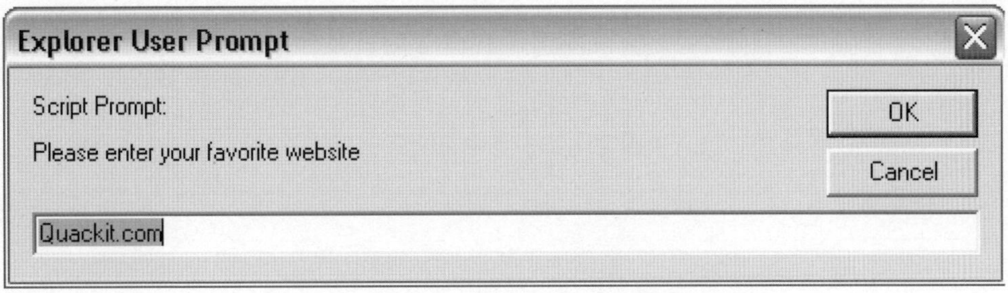

그림 45 프롬프트 대화상자 형태와 특징

사용형식

```
prompt(“sometext”,“defaultvalue”);
```

예제 코드

```
<html>
<head>
<script type=“text/javascript”>
function show_prompt()
{
var name=prompt(“Please enter your name”,“Harry Potter”);
if (name!=null &&name!=“”)
  {
  document.write(“Hello ” + name + “! How are you today?”);
  }
}
</script>
</head>
<body>
<input type=“button” onclick=“show_prompt()” value=“Show prompt box” />
</body>
</html>
```

7. 자바스크립트 변수

프로그래밍 언어에서 변수는 정보를 담는 "보관소" 개념이다. 자바스크립트에서 변수는 데이터의 값(value)을 보유하는 데 사용된다. 변수는 변수의 실제값과 자료형으로 구분한다. 자료형은 프로그램에서 사용할 자료를 컴퓨터가 어떻게 기억시키는지를 지정한다. 따라서, 자료형에 따라 이들 자료를 처리하는 방법도 달라질 뿐 아니라 처리할 수 있는 자료의 범위도 다르다. 현재 자바스크립트에서 지원하는 기본적인 자료형에는 정수, 부동소수점, 문자, 불린(boolean) 등이 있다. 자바스크립트에서 변수는 대소문자를 구별해야 하며, 문자 또는 밑줄로 시작될 수 있다. 변수는 이름 그대로 변할 수 있는 값이다. 따라서, 변수값은 스크립트를 실행하는 동안 변할 수 있다. 변수의 값을 표시하거나 변경하기 위해서는 변수 이름을 사용하면 된다. 변수에 또 다른 변수를 참조하도록 하거나, 변수에 적합한 자료형의 실제 수치나 값을 대입하면 된다.

7.1 자바스크립트 변수 선언

C언어, C++언어, 자바언어 등의 일반적인 프로그래밍 언어에서 변수는 사용되기 전에 선언되어져야 한다. 하지만, 자바스크립트에서는 사용하기 전에 반드시 선언해야 할 필요는 없다. 하지만, 변수선언은 프로그램의 유지보수 및 구조적인 측면에서 여러모로 유용하므로 가급적 사용하기 전에 선언하는 것이 좋다. 변수 선언방법은 var 구문을 활용한다.

```
var x;
var carname;
```

변수선언 직후 그 변수에는 기본 값(default)이 설정된다. 따라서, 특정한 값을 변수에 할당하고자 한다면 변수 선언과 동시에 프로그래머가 값을 임의로 할당할 수 있다.

```
var x=5;
var carname="Volvo";
```

위 문장들이 실행된 이후, 변수 x에는 정수값 5가 할당되며, 변수 carname에는 문자열 "Volvo"가 할당된다. 자바스크립트에서는 문자열과 정수를 구별하는 자료형은 존재하지 않는다. 따라서, 정수나 문자열에 대해서 공통적으로 var 구문을 통해 변수를 선언하지만, 값을 대입할 때 문자열의 경우는 인용부호를 붙여주면 된다.

물론, 반드시 변수 선언시에만 값을 대입할 수 있는 것은 아니다. 변수 선언 시 아무런 값을 대입하지 않았다 하더라도, 프로그램 수행중에 아래와 같이 변수에 값을 대입할 수 있다.

```
x=5;
carname="Volvo";
```

7.2 선언되지 않은 변수에 값 대입하기

만일 변수를 아직 선언하지 않은 상태에서 변수를 사용하고 값을 할당하는 경우, 자바스크립트에서 그 변수는 자동적으로 선언된다.

```
x=5;
carname="Volvo";
```

따라서, 위에서 변수 선언없이 사용된 변수사용은, 아래와 같이 변수를 선언함과 동시에 초기 값을 할당하는 것과 동일한 의미를 갖는다.

```
var x=5;
var carname="Volvo";
```

7.3 자바스크립트 변수를 다시 선언하는 경우

동일한 이름의 자바스크립트 변수를 다시 선언하는 경우, 해당 변수는 원래 값을 잃어버리지는 않는다.

```
var x=5;
var x;
```

변수 x는 “var x;” 문장이 실행된 이후에도 여전히 정수값 5를 갖는다.

8. 자바스크립트 연산자

8.1 JavaScript 산술연산자

일반적으로 사용하는 수식에 들어가는 연산자를 우리는 산술 연산자라 부른다. 자바에서는 기본적인 사칙 연산 외에 %라는 연산자를 추가로 지원하는데, 이는 정수의 나눗셈에서 나머지를 구해주는 연산자이다. 그 외에도 괄호의 사용이 가능하다. 자바스크립트에서 변수를 이용한 산술연산이 가능한데, 사용 방법은 다음과 같다.

```
y=x-5;
z=y+5;
```

대부분의 산술연산 기호는 우리가 일반적으로 알고 있는 기호와 동일하나, 나눗셈의 경우 ÷ 기호가 아닌 /를 사용한다. % 기호는 모듈로(modulo) 연산으로서 나눗셈 연산의 결과 중 나머지 값을 취한다. 이러한 종류의 연산은 우리가 일상 생활에서 흔히 접하는 연산이기 때문에 일반적으로는 사용하는데 문제가 없다. 그러나, 프로그래밍을 할 때에는 몇가지의 고려할 사항들이 있다.

예를들어, 임의의 숫자를 0으로 나누는 경우에 에러가 발생한다. ArithmeticException 이라는 실행시간 오류(runtime exception)이 발생하기 때문에, / 나 % 연산자를 사용할 때에는 반드시 0으로 나누는 상황을 염두에 두고 프로그래밍해야 한다.

8.2 JavaScript 단항연산자

+와 -

여기서 사용되는 +와 -는 값의 부호를 결정하는 단항 연산자이다. 이들은 일반적인 연산과 마찬가지로 사용할 수 있다. 하지만, 이런 연산자를 굳이 사용하는 것은 수식의 표현에 혼란을 일으킬 수 있기 때문에 가급적 사용하지 않거나, 괄호를 사용해서 표현하는 것이 일반적이다.

++와 --

C언어 및 자바 언어에서 사용되는 것과 동일하다. ++와 --는 단항 연산자이다. 이들은 피연산자에 1을 더하고 빼주는 기능을 한다. 즉, ++연산은 특정한 변수에 1만큼 더하는 연산이며 --연산은 특정한 변수에 1만큼 빼는 연산이다. 이 때 연산자가 앞에 붙어 있을 때에는(전위:prefix) 먼저 1만큼 연산한 다음 그 결과가 수식에 적용되고, 뒤에 붙어있을 때는(후위:postfix) 현재값이 적용된 다음 수식의 평가가 끝난 후에 증가/감소 연산이 이루어진다. 피연산자가 한번 적용된 이후로는 증감 연산자가 전위이든 후위이든 관계없이 +1 혹은 -1 연산이 적용된다.

=

할당 연산자(=)는 자바스크립트 변수에 값을 할당하는 데 사용된다.

+

산술 연산자 +는 값을 함께 더하기 위해 사용된다.

```
y=5;
z=2;
x=y+z;
```

위 프로그램 코드 실행 결과 x는 7이다. 이외에도 자바스크립트에서 산술 연산을 수행하는 데 활용되는 서로 다른 용도를 연산자가 존재한다.

연산자	설명	예제	결과
+	추가	x=y+2	x=7
-	빨셈	x=y-2	x=3
*	곱셈	x=y*2	x=10
/	구분	x=y/2	x=2.5
%	계수 (나머지)	x=y%2	x=1
++	증가	x=++y	x=6
--	감소	x=--y	x=4

8.3 할당연산자

할당(assign)연산자는 자바스크립트에서 변수에 값을 대입하는 목적으로 사용한다. 또한, 아래와 같이 덧셈, 빨셈, 곱셈, 나눗셈 등의 연산을 수행한 뒤 결과를 할당하는 것이 가능하다.

연산자	설명
=	할당
+=	추가하고 할당한다. 예를 들어 x+=y는 x=x+y와 같다.
-=	빼고 할당한다. 예를 들어 x-=y는 x=x-y와 같다.
*=	곱하고 할당한다. 예를 들어 x*=y는 x=x*와 같다.
/=	나누고 할당한다. 예를 들어 x/=y는 x=x/y와 같다.
%=	계수에 할당한다. 예를 들어 x%=y는 x=x%y와 같다.

예를들어, 변수 x, y가 각각 10, 5의 값을 갖는다고 가정할 때, 각 연산자를 활용할 결과값은 다음과 같다.

연산자	예제	동일표현	결과
=	x=y		x=5
+=	x+=y	x=x+y	x=15
-=	x-=y	x=x-y	x=5
*=	x*=y	x=x*y	x=50
/=	x/=y	x=x/y	x=2
%=	x%=y	x=x%y	x=0

```
<script type="text/javascript">
function show_confirm()
{
var x=10, y=10;
document.write("x = " + x);
document.write("++x = " + ++x);
document.write("y = " + y);
document.write("y++ = " + y++);
document.write("x = " + x + ", y = " + y);
}
</script>
```

```
x = 10
++x = 11
y = 10
y++ = 10
x = 11, y = 11
```

x와 y는 모두 10으로 똑같이 초기화 시킨 후 x에는 증가연산자를 앞에 y에는 뒤에 붙여서 연산한 결과를 출력하였다. 전위에 붙였을 때는 11값이 출력되고 후위에 붙였을 때는 10값이 출력된다. 하지만, 마지막 라인에서 x값과 y값을 출력했을 때는 모두 11이 출력되는 것에 주의하시기 바란다.

후위에 붙은 증가 연산자는 해당 변수가 연산에 적용된 후에 값을 증가시킨다. 즉 값이 적용된 직후에 전위에 붙었을 때와 마찬가지로 1 값이 증가한다.

8.4 문자열 연산자

문자열은 연속된 문자의 집합이다. 자바스크립트에서는 문자열을 표현하는 데 특별한 변수를 요구하지 않으며, 다른 변수와 동일하게 var 변수를 통해 사용한다.

연산자	설명
=	할당
+	연결 (두 문자열을 결합)
+=	연결 및 할당

문자열 접합을 위한 덧셈(+) 연산자 사용

덧셈연산자를 숫자에만 적용할 수 있는 것이 아니라, 문자열 변수에 사용할 수 있다. 즉, 변수에 저장된 기존 문자열에 텍스트를 추가하는 용도로 사용하거나, 둘 이상의 문자열 변수를 연결하여 새로운 문자열을 만들기 위해 사용할 수 있다.

```
txt1="What a very";
txt2="nice day";
txt3=txt1+txt2;
```

위에 구문의 실행 후 txt3 변수는 "What a verynice day"문자열을 갖는다. "verynice" 부분의 두 단어사이에 공백을 추가하려면, 문자열 txt1이나 txt2 중 한 곳에 공백 문자를 삽입 하면 된다.

```
txt1="What a very";
txt2="nice day";
txt3=txt1+txt2;
```

혹은, 아래와 같이 별도의 공백문자를 " " 추가하는 형태로 공백을 추가할 수 있다.

```
txt1="What a very";
txt2="nice day";
txt3=txt1+" "+txt2;
```

결과적으로 txt3 변수는 "What a very nice day" 문자열을 결과값으로 갖는다.

문자열과 숫자 추가

만일 당신이 수와 문자열을 더하면, 결과가 문자열이 될 것이다.

Example

```
x=5+5;
document.write(x);
```

결과 : 10

```
x="5"+"5";
document.write(x);
```

문자열 "5"와 문자열 "5"를 더한 것이므로 변수 x에는 "55"가 저장된다.

```
x=5+"5";
document.write(x);
```

숫자 5와 문자열 "5"를 더한 것이므로 문제가 생긴다.

```
x="5"+5;
document.write(x);
```

문자열 "5"에 숫자 5를 더한것이므로 숫자가 자동으로 문자열로 변환되어 문자열끼리의 접합연산이 된다. 따라서, 변수 x에는 문자열 "55"가 저장된다.

8.5 자바스크립트 비교 및 논리 연산자

비교 및 논리 연산자

자바스크립트에서 불린(boolean)값에 의하여 참과 거짓을 판단하는 용도로 사용된다. 비교 연산자는 말 그대로 두 피연산자를 비교하는 연산자로 〉, 〈, 〉=, 〈=, ==, !=, 그리고 instanceof가 있다. ==은 연산자의 좌우 값이 같은지 다른지를 판정해서 같으면 true, 다르면 false를 리턴하며, !=은 반대로 좌우 값이 다르면 true, 같으면 false를 리턴한다. 〉, 〈, 〉=, 〈= 는 연산자의 대소를 판정하는 연산자로, 역시 각각의 조건에 부합하는 경우 true를, 그렇지 않은 경우에는 false를 리턴한다.

연산자	설명
==	같음
===	동일(동일하고 종류도 같다)
!=	같지 않다
!==	동일하지 않다
〉	크다
〉=	크거나 같다
〈	작다
〈=	작거나 같다

논리 문장에 대해 변수 또는 값 사이의 차이를 결정하는 데 사용된다. 아래 표는 변수 x의 값이 5인 경우를 가정할 때 비교 연산자를 설명한다.

연산자	설명	예제
==	같다	x==8 : false
===	(value and type)	x===5 : true, x==="5" : false
!=	같지 않다	x!=8 : true
〉	크다	x〉8 : false
〈	작다	x〈8 : true
〉=	크거나 같다	x〉=8 : false
〈=	작거나 같다	x〈=8 : true

논리 연산자

논리 연산자는 변수 또는 값 사이의 논리연산을 수행하기 위해 사용된다. x=6과 y=3을 감안할 때 아래 표는 논리 연산자를 설명한다:

연산자	설명
&&	and
||	or
!	not

연산자	설명	예제
&&	and	(x 〈10 &&y 〉1) is true
||	or	(x==5 || y==5) is false
!	not	!(x==y) is true

비트 연산자

비트 연산자는 ~(not), &(AND), ^(exclusive OR), |(OR) 네 가지이다. 다른 말로 이들을 논리 연산자라고도 한다.

▶ ~ (not)

~ 연산자는 단항 연산자로, 주어진 수의 모든 0을 1로, 1을 0으로 바꾼다. 예를 들어 입력값이 00001111이라면 출력값은 1111000이다.

▶ & (and)

& 연산자는 주어진 두 값의 and 연산을 한다. and 연산은 주어진 두 값의 각 비트를 서로 비교하여 둘다 1일 경우에는 1을, 둘중 하나라도 0일 경우에는 0을 출력한다.

```
          11011001
&         01001111
----------------
          01001001
```

and 연산의 예

▶ | (or)

| 연산자는 주어진 두 값의 or 연산을 한다. or 연산은 두 값의 각 비트를 서로 비교하여 어느 한쪽이라도 1이면 1을 출력하고, 둘다 0일 경우에만 0을 출력한다. &와 |는 뒤에 설명할 논리 연산자로도 쓰인다.

```
        11011001
&       01001100
---------------
        11011101
```

or 연산의 예

▶ ^ (Exclusive OR, XOR)

^는 exclusive or연산자이다. exclusive or연산에서는 두 값이 각 비트를 비교하여 같은 경우에는 0을, 다른 경우에는 1을 출력한다.

```
        11011001
&       01001100
---------------
        10010101
```

xor 연산의 예

비트 연산 결과

		연산결과		
		&	^	|
0	0	0	0	0
0	1	0	1	1
1	0	0	1	1
1	1	1	0	1

논리 연산자

앞에서 배운 논리 연산자들 중 &과 |는 boolean의 연산에도 사용할 수 있다. boolean의 true와 false를 각각 1과 0으로 생각하면, 비트 연산자에서 배운 내용을 어렵지 않게 적용할 수 있다. 즉, &는 좌우 값이 모두 true일때만 true를 리턴하며, 나머지 경우에는 false를 리턴한다. |는 좌우 값이 모두 false일때만 false를 리턴하며, 둘중 하나만 true이면 true를 리턴한다. 또한, 비트 연산자에서 not의 의미로 사용되던 ~은 boolean값의 논리 연산에는 사용할 수 없고, 대신 같은 의미를 가지는 !이 사용된다. !은 true를 false로, false를 true로 바꾼다.

입력1	입력2	결과값	
		&	|
true	true	true	true
true	false	false	true
false	true	false	true
false	false	false	false

&와 |는 앞에서 배운 비트 연산자와 똑같기 때문에, 사용할 때 혼동하기 쉽다.

조건부 실행 연산자

자바스크립트는 조건의 평가결과에 따라 값을 할당하는 조건부 3항 연산자가 포함되어 있다. 이것은 조건을 평가한 후, 그 결과에 따라 참인 경우 값1을 취하고, 거짓인 경우 값2를 취하도록 하는 연산자이다.

```
결과=(조건) ? 값1 : 값2
```

사용 예

```
greeting = (myname=="cholsu") ? "Hi, cholsu" : "Hi" ;
```

변수 myname이 문자열 cholsu를 갖고 있으면, greeting 변수에 "Hi, cholsu"가 들어간다. 반면, myname이 문자열 cholsu를 가지지 않는다면, greeting 변수에 "Hi"가 들어간다. 이러한 문장은 자바스크립트에서 제공하는 조건문인 if 구문을 사용하여 작성할 수 있지만, 위와 같이 조건부 3항연산자를 사용하면 편리하게 한줄로 표현할 수 있다.

9. 자바스크립트 조건문

조건문은 특정한 조건의 성립여부에 따라 정해진 일련의 행동을 수행하기 위해 사용한다. 이를 위해서 자바스크립트에서는 if/else 구문을 사용한다. 자바스크립트로 다음 조건구문을 가진다.

종류	사용법
if 구문	· 지정된 조건이 사실인 경우에만 코드를 실행한다.
if / else 구문	· 만일 if문 조건이 참인 경우 if문 다음 코드블럭을 실행 · if문 조건이 사실이 아닌 경우 else문 다음에 위치한 코드블럭을 실행
if / else if / else 구문	· 만일 if문 조건이 참인 경우 if문 다음 코드블럭을 실행 · else if 문 조건이 참인 경우 else if 문 다음 코드블럭을 실행 · 위 모든 조건이 참이 아닌 경우 else문 이후 코드블럭을 실행

9.1 자바스크립트 if 구문

if는 가장 간단한 조건문의 형태로 주어진 논리식이 참일 경우 특정한 문장을 실행시킨다. if 문의 형태는 다음과 같다.

```
if (조건식)
{
    실행될 문장
}
```

주의할 것은 조건식의 형태는 반드시 결과가 boolean형으로 나타나는 연산식이어야 한다. 자바스크립트에서는 불린(boolean) 타입과 다른 어떤 기본형도 호환되지 않는다. 즉, C에서처럼 0을 거짓으로, 그 외의 값을 참으로 인정하지 않는다.

또한, 조건이 맞을 경우 실행되는 문장이 여럿일 경우에는 블록을 사용해서 실행될 문장들을 묶어줄 수 있다.

```
if (조건식) { 〈실행될 문장들〉 }
```

조건식이 만족되면 if 다음의 블록에 있는 모든 문장들이 실행된다. 예를 들면

```
if(age〉=20) {
  grade = “adult”;
  vote = true;
}
```

위 코드에서는 age가 20보다 크거나 같으면 블록 안의 문장들을 실행시키고, 그렇지 않은 경우는 다음으로 넘어간다. 그림으로 나타내면 다음과 같다.

```
〈script type=“text/javascript”〉

var d=new Date();
var time=d.getHours();

if (time〈10)
{
  document.write(“〈b〉Good morning〈/b〉”);
}
〈/script〉
```

위 자바스크립트 코드는 변수 time의 값이 10보다 작을 때에만 “Good morning” 문자열을 웹브라우저상에 출력한다.

9.2 자바스크립트 if / else 구문

else는 if와 맞물려 조건식이 거짓일 때 실행시킬 문장들을 지정한다. 즉, if에서 조건식의 값이 참일 때와 거짓일 때 각각 다른 작업을 할 수 있도록 한다. 하지만 대개의 경우에는 역시 블록을 사용한다. 블록을 사용해서 if / else 구문을 구현하는 방법은 다음과 같다.

```
if (조건식)
{
    참일때 실행할 문장
} else {
    거짓일때 실행할 문장
}
```

위의 예에서 보다시피 if문은 if 뒤에 오는 괄호 안에 참과 거짓으로 판별 될 수 있는 조건식을 넣어서 이 조건식이 참이면 if 블록을 그렇지 않은 경우에는 else 블록을 실행한다. 일반적으로 프로그램은 순차적으로 진행되기 때문에 이와 같이 조건이 맞지 않으면 한 블록을 건너뛸 수 있는 문법을 조건부 분기(branch)문이라 한다.

```
<script type="text/javascript">

var d = new Date();
var time = d.getHours();

if (time <10)
  {
  document.write("Good morning!");
  }
else
  {
  document.write("Good day!");
  }
</script>
```

위 예제는 변수 time의 값이 10보다 작을 경우, 웹 브라우저 화면에 "Good morning!"

문자열을 출력하고, 그렇지 않은 경우 화면에 "Good day!"를 출력한다.

```
if(age>=20) {
  grade = "adult";
  vote = true;
}
else {
  grade = "kid";
  vote = false;
}
```

위의 예에서는 age가 20보다 크거나 같을 경우와 그렇지 않을 경우 grade와 vote는 각각 다른 과정을 거쳐 다른 값을 가진다.

9.3 자바스크립트 if / else / else if 구문

else if는 보다 일반적인 형태의 조건 분기문이다. else if 블록은 if 문의 조건식은 거짓이고, else if 의 조건식만 참일 때 수행된다. 이 else if 블록은 원하는 만큼 사용할 수 있다.

```
if (조건식1)
{ // 조건식 1이 참을 때만 실행되는 블록
      실행될 문장;
}
else if (조건식2)
{ // 조건식 2가 참일 때만 실행되는 블록
      실행될 문장;
}
else if (조건식3)
{ // 조건식 3가 참일 때만 실행되는 블록
      실행될 문장;
}
else
{ // 조건식1, 2, 3이 모두 거짓일 때 실행되는 블록
      실행될 문장;
}
```

if 에서 조건식이 참이 아닐 경우 else if 문들이 수행되고, 모든 else if 문까지 거짓일 경우 최종적으로 else가 수행됩니다.

```
<script type="text/javascript">
var d = new Date()
var time = d.getHours()
if (time<10)
  {
  document.write("<b>Good morning</b>");
  }
else if (time>10 &&time<16)
  {
  document.write("<b>Good day</b>");
  }
else
  {
  document.write("<b>Hello World!</b>");
  }
</script>
```

위의 예에서는 각각의 조건에 만족하는 조건문 뒤의 블록만 실행이 되며, 모든 조건이 하나도 만족되지 않을 경우 else 뒤의 블록이 실행됩니다. 위 예제는 변수 time의 값이 10보다 작을 경우, 웹 브라우저 화면에 "Good morning!" 문자열을 출력하고, 변수 time의 값이 10보다 크지만 16보다 작을 경우 화면에 "Good day!"를 출력한다. 그리고, 변수 time의 값이 그 밖의 다른 값(16보다 큰 경우)을 가질 경우 웹 브라우저 화면에 "Hello World!" 문자열을 출력한다.

if 문의 간단한 예제입니다.

```
var flag = "white";
var index = 0;

if (flag == "white")        {
        System.out.println("flag is white");
}
else{
        System.out.println("flag is not white");
}

if (index == 0){
        System.out.println("index is zero");
}
else{
        System.out.println("index is not zero");
}
```

if 의 조건식에는 참/거짓으로 평가가능한 올 수 있고, 표현식의 경우에는 참과 거짓으로 평가될 수 있으면 된다. index 〈 10 등의 표현식도 올 수 있다.

10. 자바스크립트 switch문

if / else 문은 유연한 조건분기의 기능을 제공하지만 선택의 수가 많아질 경우 구문이 복잡해질 수 있습니다. 좀더 다양한 조건의 선택을 간단하게 표현하기 위해 사용되는 것이 switch-case 문입니다. 이 문법은 구분되는 조건이 많고 연관성이 있을 때 사용합니다. 자바스크립트의 switch 구문은 특정한 조건에 따라서 지정된 행위들을 실행하기 위해 사용된다. case 키워드에 의해서 코드블록 을 지정하여 조건에 따라 실행할 수 있다.

```
switch(n)
{
case 1:
  // 코드블럭 1 수행
  break;
case 2:
  // 코드블럭 2 수행
  break;
default:
  // n값이 1과 2가 모두 아닌 경우 수행되는 기본 블럭
}
```

switch 구문은 조건식을 한번 평가하고 그 결과에 따라서 여러 가지 경우의 수에 대해 정해진 행위를 수행하고자 할 때 유용하다. 표현 n(대부분 변수이나 연산자를 포함할 수 있다능)을 가진다. 표현의 값은 블록내에 존재하는 각 case문과 비교된다. 일치하는 case 문이 있을때에는 해당 코드블록이 실행된다.

switch문의 조건식에는 결과가 int형인 정수식만이 허용된다. 정수식의 값에 따라서 일치하는 case 문 이하의 문장들이 수행되는데, 주의할 것은 case 문 안에 break 문이 생략되어 있을 경우에는 해당 case 문 아래에 있는 모든 문장들을 순차적으로 실행해 나간다는 사실이다.

break 키워드는 코드가 다음 case구문을 실행하는 것을 상황을 방지하기 위해 switch 구문의 실행을 중단하도록 하기 위해 사용한다. 따라서 조건에 부합하는 case 에 속하는 문장들만 실행되기를 원한다면 반드시 모든 case 를 break 문으로 끝내야 한다. 하지만 이는 필수 사항이 아니고, break를 사용하느냐 사용하지 않느냐에 따라 프로그램의 수행 결과가 바뀐다.

default 문은 case 문들 다음에 오며, 모든 case에 전부 해당되지 않는 경우에 default 문이 수행된다. default 문은 반드시 사용하는 것은 아니고 필요에 따라서 사용할 수 있으며, 보통 case들의 맨 마지막에 오기 때문에 break는 반드시 사용할 필요는 없다.

조건식에는 int형의 정수식만이 올 수 있기 때문에 형변환을 하지 않고 대입 가능한 데이터형은 byte, short, char, int이다. 특히 char가 가능하다는 것을 기억하시기 바란다. char는 숫자의 형태뿐만 아니라 'a' 처럼 작은 따옴표 안에 있는 문자의 형태로도 표현할 수 있다.

다음 코드는 여러 가지의 선택을 switch-case 문으로 처리하는 간단한 예이다.

```
<script type="text/javascript">
//You will receive a different greeting based
//on what day it is. Note that Sunday=0,
//Monday=1, Tuesday=2, etc.

var d=new Date();
theDay=d.getDay();
switch (theDay)
{
case 5:
  document.write("Finally Friday");
  break;
case 6:
  document.write("Super Saturday");
  break;
case 0:
  document.write("Sleepy Sunday");
  break;
default:
  document.write("I'm looking forward to this weekend!");
}
</script>
```

11. 자바스크립트 함수(function)

자바스크립트는 함수기반의 구조화 프로그래밍언어이다. 함수는 특정 기능을 가진 단위 프로그램이다. 좀더 쉽게 표현하자면 여러개의 명령을 한꺼번에 묶어 처리하는 것을 말한다. 따라서 함수로 구성된 코드 부분을 필요할 때마다 수행하도록 호출하여 작성함으로써 프로그램의 가독성이 좋아지고 프로그램의 유지보수를 쉽게 한다. 이러한 함수는 이벤트 발생에 의해서도 실행될 수 있다. 브라우저가 페이지를 로드할 때, 스크립트를 함수 형태로 넣어 실행할 수 있다. 함수는 외부 .js 파일에 별도로 저장되는 경우, 여러 HTML 페이지로부터 공통적으로 호출하여 사용할 수 있다. 함수는 〈head〉에서 〈body〉섹션에서 내에 정의되며, 함수가 실제로 호출되기 전에 미리 브라우저에 의해 로드되어야 한다. 따라서, 함수를 정의는 HTML의 〈head〉섹션에 나타나는 것이 일반적이다.

11.1 함수를 정의하는 방법

앞서 살펴본 제어문이나 기타 표현식에서 알 수 있듯이 자바스크립트에서의 함수정의는 아주 간단하다. 함수를 이해하기 위해서 함수의 형식에서 정의되어 있는 의미를 파악하는 것이 중요하다.

```
function functionname (var1,var2,...,varX)
{
    // 함수 내용 구현
}
```

위의 사용형식을 구체적으로 설명하면 다음과 같다. 함수를 사용할 때 우선 함수의 이름을 부여하고, 필요하다면 매개변수를 설정한다. 이때 매개변수(parameter)는 설정할 수도 있고 하지 않을 수도 있다. var1, var2, var X 등으로 사용되는 변수 또는 값을 매개변수(인자)라 한다. 만약, 매개변수가 없는 경우에는 함수 이름 뒤에 빈 괄호()를 포함해야 한다. 다음에는 함수에서 처리할 수 있는 문장을 정의한다. 마지막으로 정의한 함수를 호출하는 함수의 반환값을 통해서 명령을 수행한다. 자바스크립트는 C언어/C++/JAVA언어와 마찬가지로 대소문자를 구분한다. 대소문자 구분은 변수와 함수 이름에 공통적으로 적용된다.

매개변수가 없는 함수 정의

```
function functionname ()
{
    alert("함수의 매개변수를 정의하지 않았습니다.");
}
```

```
function functionname (name)
{
    document.write(name+"님 환영합니다.");
}
```

반환값(return value)

함수를 정의하고 매개변수를 설정한 후, 함수의 문장을 작성했다면 이제는 그 결과가 무었인가 하는 것이 남아있다. 즉 정의된 함수의 결과를 보여주는 것이 중요하다. 이때 함수에서 반환해주는 값을 반환값(return value)이라 한다.

반환값은 함수 처리 후 함수의 결과인 결과를 반환값을 돌려주는 명령이다. 이 명령은 함수 처리 후 함수의 결과를 반환값으로 돌려주는 명령이다. 이 명령은 함수의 종류도 같이 겸하도록 되어 있다. 함수 수행중 반환값(return value)을 만나면 무조건 함수처리가 종료되고, 호출한 곳으로 복귀하도록 되어 있다. 함수에서 반환값을 한 개 이상 존재할 수 없다.

```
사용방법
return 반환값;
```

```
반환값이 있는 경우
function functionname (name)
{
     document.write(name+"님 환영합니다.");
     return age;
}
```

11.2 함수 호출

함수의 호출은 앞에서 정의한 함수를 어떻게 사용할 것인가를 말한다. 즉, 프로그램을 작성 도중에 필요한 곳에 함수를 이용하기 원하면 함수를 호출하면 된다. 함수의 호출은 웹페이지 상에 원하는 위치에서 함수를 호출하거나 이벤트 핸들러를 이용하면 몇 번이든 호출가능하다. 함수를 호출하는 방법은 함수의 이름과 괄호를 사용하면 된다. 만약 매개변수가 있는 함수라면 괄호안의 함수에 전달할 값을 넣어주면 된다.

```
함수호출방법
functionname();
functionname("이름");
```

```
<html>
<head>
<script type="text/javascript">
function displaymessage()
{
alert("Hello World!");
}
</script>
</head>

<body>
<form>
<input type="button" value="Click me!" onclick="displaymessage()" />
</form>
</body>
</html>
```

```
<html>
<head>
<script type="text/javascript">
function functionname()
{
    alert("Hello World!");
}
</script>
</head>

<body>
<script language="javascript">
functionname();
</script>
</body>
</html>
```

11.3 내장함수

내장함수는 자바스크립트에서 기본적으로 제공하는 함수로써, 프로그래머들이 자주 사용하는 기능을 함수로 만들어 제공하는 라이브러리 함수이다. 자바스크립트는 자체적으로 가지고 있는 내장함수가 있다. 프로그래밍 과정에서 주로 많이 사용되는 여기서는 자주 사용하는 내장 함수들의 사용방법을 알아보도록 한다.

eval 내장함수

문자열로 입력된 수식을 계산해 주는 자바스크립트 내장함수

예를들면 "8+12"와 같은 문자열을 eval 함수의 매개변수로 입력하게 되면 문자열을 수식으로 변환한 후 계산하여 20을 반환한다.

```
<html>
<head>
<script type="text/javascript">
function functionname()
```

```
{
      var eval_str;
      eval_str = prompt (“수식을 입력하세요”);
      document.write(“<h2>입력한 수식은: ”+eval_str+“</h2><br>”);
      document.write(“<h2>정답은 : ”+eval(eval_str)+“</h2><br>”);
}
</script>
</head>

<body>
<script language=“javascript”>
functionname();
</script>
</body>
</html>
```

그림 46 eval함수 실행결과1 (프롬프트 대화상자를 통한 입력)

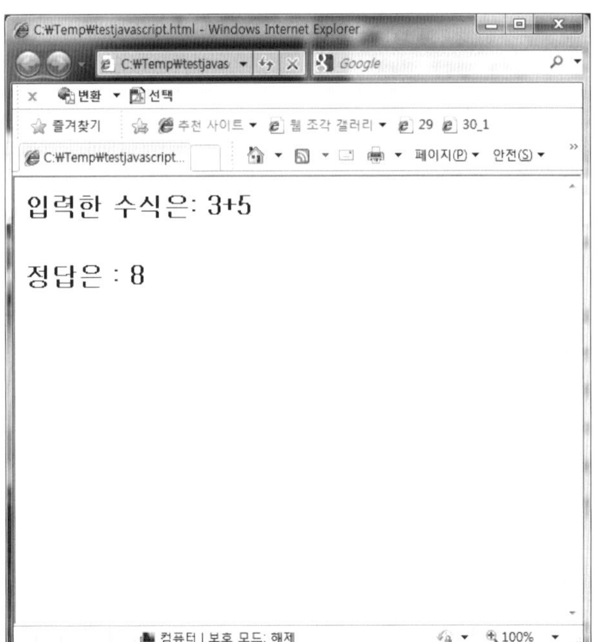

그림 47 eval함수 실행결과2 (브라우저 화면에 계산 결과 표시)

parseInt/parseFloat 내장함수

이 두함수는 문자열에 포함된 정수값과 부동소수점값을 해당타입값으로 바꾸어주는 함수이다.

```
<html>
<head>
<script type="text/javascript">
function functionname()
{
    var var_1, var_2, var_3;
    var_1 = parseInt("10");
    var_2 = parseInt("5");
    var_3 = var_1 + var_2;

    document.write("<h2>결과값 = "+var_3+"</h2><br>");
}
</script>
</head>

<body>
<script language="javascript">
functionname();
</script>
</body>
</html>
```

그림 48 parseInt함수 실행 결과

setTimeout() 내장함수

setTimeout() 내장함수는 일정한 시간동안 기다린 후, 지정한 명령을 수행하는 함수이다. 이는 다음과 같이 작성한다.

```
setTimeout(명령문, 시간);
혹은
returnvalue = setTimeout(명령문, 시간);
```

명령문은 지정한 시간 후에 수행할 명령문으로써 반드시 문자열로 작성한다. 시간은 일정한 시간을 지정하기 위한 값으로, 마이크로세컨드(1/1000초) 단위로 작성한다. 이 함수는 고유의 id값을 반환한다. 이 값은 설정한 시간 후에 수행하는 명령문을 수행하도록 하기 위한 고유의 id로써, 나중에 이 값을 이용하여 setTimeout() 기능을 해제할 때 사용한다.

```
<html>
<body>
<script language=“javascript”>
setTimeout(“alert(‘구글로 이동’);
location.href=“http://www.google.com”,4000);
</script>
</body>
</html>
```

그림 49 타임아웃에 의한 alert 다이얼로그 출력 결과

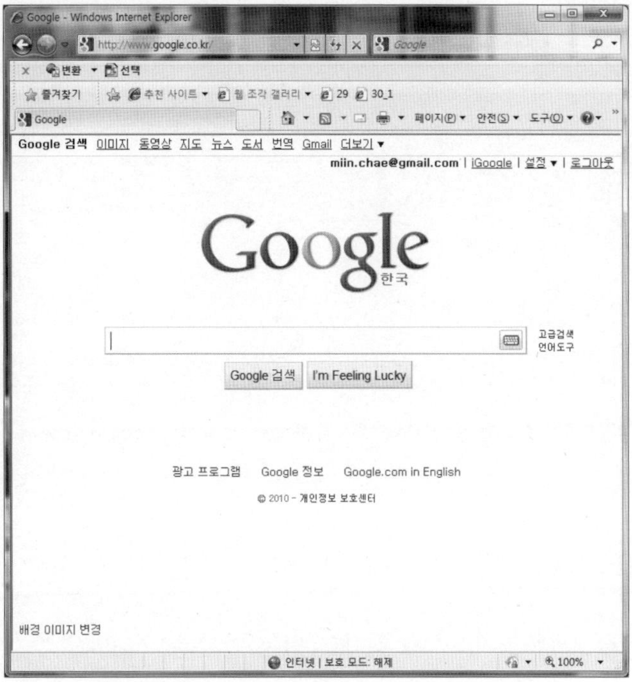

그림 50 location.href를 이용한 URL 이동

12. 자바스크립트 반복문

반복문은 프로그래머가 지정한 블록을 원하는 만큼 반복하여 수행하기 위해 사용된다. 자바스크립트에서 사용할 수 있는 반복문은 for 문, while 문이 있다.

12.1 while 문

while은 for문에서 수행 조건식만을 취하고 있는 반복문이라고 할 수 있다. for가 변수의 선언과 초기화, 증감 등 일반적인 반복문 제어에 필요한 사항들을 모두 가지고 있는 것과 달리, while 문은 단지 반복을 계속 수행할 조건만을 체크한다. 즉, 초기값과 증감식에 대해서는 코드블럭 내부에서 자유롭게 기술하면 된다.

```
while(조건식)
{
        반복할 문장;
}
```

사실 while 만으로도 for loop가 할 수 있는 일은 전부 할 수 있다. 아래 while loop는 for 문과 똑같은 의미를 가진다.

```
초기화식;

while(조건식)
{
        반복할 문장;
          증감식;
}
```

while문에서 조건식이 true일 경우 다시 반복을 수행하고, false일 경우 루프는 종료된다. 앞에서 for을 사용해 만들었던 코드를 while을 이용해서 똑같이 만들어 보도록 한다.

```
var count = 0;
var i = 1;
while ( i<=10) {
  count += i;
  i++;
}
System.out.println(count);
```

while을 이용하여 1부터 10까지를 더하는 프로그램

while 루프는 반복문의 맨 위에서 조건을 검사한다. 따라서 블록에 있는 문장들이 한번도 수행되지 않을 수가 있다. 따라서 무조건 한번은 블록이 실행되도록 하려면 조건을 검사하는 부분이 반복문의 아래로 와야 한다. 이것이 do-while 문이다. 이 반복문은 먼저 한번 수행한 후 조건을 테스트 하여, 옳으면 다시 반복문의 처음으로 돌아간다.

```
do {
        반복할 문장;
} while(조건식);
```

따라서 앞의 예를 do-while로 표현하면 다음과 같다.

```
int count = 0;
int i = 1;
do {
  count += i;
  i++;
} while(i<=10)
System.out.println(count);
```

while을 이용하여 1부터 10까지를 더하는 프로그램

일반적으로 반복문은 주어진 조건이 사실인 동안에 코드블록을 지속적으로 실행하는 것이다. 아래 예제의 경우에도, myBankBalance 변수값이 10보다 같거나 작은동안에 계속적으로 웹 브라우저에 문자열을 출력한다. 결과는 "Right now, my bank balance is \금액"의 형태가 총 11번 반복되는 형태로 나타난다.

```
<script type="text/javascript">
<!--
var myBankBalance = 0;

while (myBankBalance <= 10) {
document.write("Right now, my bank balance is \" + myBankBalance + "
");
myBankBalance ++;
}
//-->
</script>
```

```
Right now, my bank balance is $0
Right now, my bank balance is $1
Right now, my bank balance is $2
Right now, my bank balance is $3
Right now, my bank balance is $4
Right now, my bank balance is $5
Right now, my bank balance is $6
Right now, my bank balance is $7
Right now, my bank balance is $8
Right now, my bank balance is $9
Right now, my bank balance is $10
```

위 프로그램에서 "myBankBalance" 변수를 선언하고, 초기값으로 0을 주었다. while 반복문을 통해서 괄호에 조건을 다음과 같이 부여하였다. myBankBalance변수의 현재 값이 10 이하인 동안 계속적으로 반복을 수행한다. 이 프로그램은 실행결과로 myBankBalance 변수가 0부터 시작하여 10이되는 동안 계속적으로 실행하였다. 그때마다, 위 문장과 함께 myBankBalance의 현재의 값을 출력하고, myBankBalance 변수를 1씩 증가시킨다.

만일 조건이 아직도 사실이라면 브라우저를 닫고 다시 실행한다. 물론, 지금까지 myBankBalace변수는 1씩 증가했다. 조건이 사실이면 (10보다 큰 경우) 그것은 종료되지 않는다.

12.2 자바스크립트 for 루프

우리는 위에서 주어진 조건이 코드 블록을 계속 실행하는 것을 배웠다. 코드 조건이 참 인 동안 Loop를 실행한다. 여기서는 Loop를 위한 JavaScript가 지정된 수에 대한 코드를 실행 한 다는 것을 알게될 것이다.

for 반복문은 프로그래밍언어에서 가장 일반적인 반복문의 형태이다. for 문 역시 함께 반복 수행할 많은 문장들을 묶어주기 위해 블록을 사용할 수 있다. for 문에서 괄호 안에 들어가는 첫번째 식은 for 문이 맨 처음 수행될 때 한번만 수행되며, 반복문을 실행하기 위한 카운터 변수를 초기화한다. 두번째 식은 주어진 문장이 반복 수행될 조건(대개의 경우 카운터 변수에 대한)을 나타낸다. 이 조건이 true인 동안은 반복문이 계속 수행됩니다. 세 번째 식은 주로 카운터 변수를 증감시키는 데 사용한다.

```
for (초기화식; 속행조건식; 증감식) 실행될 문장
```

첫번째 식에서는 변수의 선언과 초기화를 같이 할 수 있다. 이곳에서 선언된 변수의 범위는 for 루프가 종료될 때까지이다. 또한 이미 선언된 변수는 다시 선언할 수 없다. (중첩된 블록의 변수 사용 규칙을 생각하시기 바란다.)

for 문이 수행되면 첫번째 식으로 카운터 변수를 초기화하고, 속행 조건을 검사한 후 true이면 주어진 문장들을 수행한다. 그리고 주어진 문장들의 실행이 끝나면 다시 for 문으로 돌아와 속행 조건을 검사하여 조건이 false면 증감식을 실행하고 다시 반목문을 수행한다. 이런식으로 속행 조건이 false가 될때까지 블록의 문장들이 수행된다. 그러므로 우리는 이전의 반복문을 사용해 예제를 작성할 수 있다.

```
<script type="text/javascript">
<!--
var myBankBalance = 0;

for (myBankBalance = 0; myBankBalance <= 10; myBankBalance++)
{
    document.write("My bank balance is $" + myBankBalance + "");
}
//-->
</script>
```

The resulting output:

```
My bank balance is $0
My bank balance is $1
My bank balance is $2
My bank balance is $3
My bank balance is $4
My bank balance is $5
My bank balance is $6
My bank balance is $7
My bank balance is $8
My bank balance is $9
My bank balance is $10
```

myBankBalace라는 변수를 선언하고 초기 값을 0으로 지정한다. 그 다음 조건으로 for Loop를 연다. 변수의 현재 값이 10이하라면 1을 증가시킨다. 조건이 사실인 동안 코드를 계속해서 실행한다. 이 경우 단순히 myBankBalance의 현재 값을 출력한다. 이 코드는 중괄호 내에 배치된다. 만일 조건이 아직도 사실이라면 브라우저가 닫히고 중괄호 내에 돌아와서 코드를 다시 실행시킨다. 물론, 지금까지 myBankBalance변수는 1씩 증가했다. 조건(변수가 10보다 크면)이 사실이 아니면 Loop는 종료된다.

13. 자바스크립트 예외처리

13.1 try...catch 구문

자바스크립트 프로그램은 다른 프로그래밍 언어와 마찬가지로 실행시간 오류를 핸들링할 수 있는 메커니즘을 제공한다. 스크립트가 복잡하게 되면, 생각하지 않았던 곳에서 오류가 발생할 수 있다. 웹 페이지에 뜨는 자바스크립트 오류는 웹브라우저 사용자를 놀라게 할 수 있다. 실제로, 웹 서핑 중 발생하는 오류때문에 자주 "이전(previous)" 버튼을 눌렀던 경험이 모두 있을 것이다. 그렇다면, 발생하는 오류를 항상 막을 수는 없지만, 그러한 상황을 무난하게 처리하고 넘어가도록 할 수 있다. 자바스크립트는 자바 언어와 마찬가지로 try... catch 구문을 사용하여 효과적인 방법으로 실행시간 오류(예외)를 처리할 수 있다. try...catch 구문을 사용하기 위해서는 실행시간 예외를 발생할 만한 자바스크립트 문장들에 대해서 "try" 구문블럭으로 감싸도록 한다.

자바프로그래밍 언어에서는 예외를 throw 키워드를 통해서 발생할 수 있다. 발생한 예외는 자신의 메소드 밖으로 던져버리던가, try{} catch{}를 이용하여 순차적으로 처리할 수 있다. 하지만, 자바스크립트에서는 예외를 처리하는 부분에 대해서만 다룬다.

```
try{
   예외1, 2를 던질 수 있는 문장;              // point 1.
}catch (예외1 참조) {
   예외 1이 발생했을 때 실행할 문장;          // point 2
}catch (예외2 참조) {
   예외 2가 발생했을 때 실행할 문장;          // point 3
}
//point 4
```

try{} 블록에서 사용하는 메소드가 발생시킬 가능성이 있는 모든 예외는 catch{} 블록에서 잡아주어야 한다. 하나의 메소드가 여러 개의 예외를 던질 수도 있고, 여러 개의 다른 메소드들을 사용하여 각각의 메소드가 사용하는 서로 다른 예외들을 처리해야할 경우도 있으므로, catch{} 블록은 필요한 만큼 반복해서 사용할 수 있다.

프로그램이 설계자의 의도대로 예외상황 없이 진행될 경우 try 블록이 실행된 후 catch 블록은 실행되지 않고 지나간다. 이때는 1 - 4 의 순서로 진행된다. try 블록에서 예외1이 발생하면 예외 1을 받는 첫 번째 catch 블록이 실행되고 두 번째 catch 문을 실행하지 않고 프로그램을 진행한다. 이때의 실행 순서는 1 - 3 - 4 이다. try 블록에서 예외 2가 발생하면 첫 번째 catch 블록을 지나 두 번째 catch 블록을 실행하고 프로그램을 진행시킨다. 실행순서는 1 - 3 - 4 이다.

두 catch 문 중 어느 쪽에서도 받을 수 없는 제 3의 에러가 발생하면 에러를 처리하지 못한 채로 프로그램은 진행되지 못하고 이 try 문을 포함하고 있는 메소드를 호출한 쪽으로 흐름이 넘기지 않을 경우 예외가 발생할 수 있는데 처리되지 않았다는 컴파일 에러가 발생한다. 자신을 호출한 곳으로 예외를 던져버리기 위해서는 throws 키워드를 사용해 메소드 선언부에서 코딩해주어야 한다. catch 문을 코딩할 때는 하위 예외부터 상위 예외 순서로 작성해야 한다. 모든 예외문은 Exception 클래스를 상속하게 되는데 만약 첫 번째 catch 블록에서 최 상위인 Exception을 받아버리면, 아래의 예외 구문으로는 절대로 흐름이 넘어가지 않기 때문이다. 그렇다면 모든 예외를 Exception 클래스로 받아버리지 않는 이유는 무엇일까? 각각의 예외들은 자신만의 특별한 멤버변수와 메소드를 가지고 있기 때문에, 이들을 사용하면, 해당 예외에 보다 적절히 대응할 수 있다. 예를 들면, 큰 접시가 하나만 있으면 무엇이든지 담을 수 있는데, 여러 가지 크기의 접시를 사용하는 것과 같다.

13.2 예외처리 중요성

자바스크립트 프로그램에서 try~catch 를 통한 예외처리 구문이 있는 경우와 없는 경우 프로그램의 완성도는 큰 차이가 있다. 아래 프로그램은 try~catch 예외처리 구문이 없는 일반적인 자바스크립트 프로그램이다. 웹브라우저를 통해 이 프로그램을 수행하면 에러가 발생한다. 변수 "myBankBalance"가 아직 선언되지 않았기 때문이다.

```
<script type="text/javascript">
<!--
document.write("My bank balance is $" + myBankBalance);
//-->
</script>
```

반면 아래 프로그램은 동일한 코드를 try~catch 예외처리 구문으로 둘러싼 것이다. 이 경우, 에러 발생시 미리 준비된 문자열을 출력하고 사용자로 하여금 다음 동작을 할 수 있도록 한다. 따라서, 웹브라우저가 직접적으로 비정상적인 에러 상황을 통보하는 것 보다, 예외처리된 프로그램이 훨씬 완성도 높은 프로페셔널한 웹 프로그램임을 알 수 있다.

```
<script type="text/javascript">
<!--
try
{
document.write("My bank balance is $" + myBankBalance);
}
catch(err)
{
document.write("코드 수행 중 문제가 발생하였습니다.");
document.write("다른 페이지로 이동하십시오.");
}
//-->
</script>
```

14. JavaScript 확장 문자

문자열을 출력하는 document.write() 구문에서 따옴표를 사용하는 것은 문자열을 시작하고 끝내는 의미이다. 싱글따옴표('), 앰퍼샌드(&), 따옴표(") 부호 등의 경우도 마찬가지다. 프로그램 작성시 "확장 문자"로서 알려진 특수한 문자를 사용할 경우가 있다. 확장문자는 브라우저가 특별한 의미로해석하기 때문에 일반적인 방법으로는 사용할 수 없다. 따라서, 자바스크립트에서는 이를 위한 특별한 준비를 하고 있는데 역슬래시(\)라는 확장문자를 사용하는 것이다. 예를들어, 이러한 특수한 문자를 document.write() 구문으로 출력하고 싶다면, 이스케이프(escape) 문자를 활용하면 된다. 예를들어, 이스케이프 문자를 사용하지 않고 document.write() 구문에 특수문자 출력을 시험해 보자.

```
<script type="text/javascript">
<!--
document.write("문자열 출력시 "이스케이프" 문자를 활용하는 예제입니다");
//-->
</script>
```

위 코드는 "문자열 출력시" 문자열 이후 나타나는 따옴표(")를 만날 때, 그 문자열이 완료 됐다고 판단할 것이다. 따라서, 이후에 나타나는 문자열("이스케이프" 문자를 활용하는 예제입니다") 부분은 처리할 방법이 없다. 즉, 문자열을 나타내는 큰 따옴표가 모두 끝났다고 받아들이기 때문에 프로그래머가 의도한대로 작동하지 않는다.

따라서, 이와 같은 경우는 "이스케이프" 문자(\)를 사용하여 따옴표를 화면에 출력할 용도로 사용한 것임을 알려야 한다. 다음과 같이 사용하면 된다.

```
<script type="text/javascript">
<!--
document.write("문자열 출력시 \"이스케이프\" 문자를 활용하는 예제입니다");
//-->
</script>
```

실행결과는 다음과 같다.

```
문자열 출력시 "이스케이프" 문자를 활용하는 예제입니다.
```

15. 자바스크립트로 쿠키(Cookie) 처리하기

쿠키는 웹브라우저를 사용하여 특정한 웹 사이트를 방문할 때 만들어진다. 쿠키(Cookie)는 하드디스크내 존재하는 작은 텍스트 파일로서, 웹 브라우저가 필요로 하는 정보를 저장하기 위해 사용된다. 사용자가 특정한 페이지에 접속했던 기록을 저장하기 위해 웹 사이트는 쿠키를 종종 사용한다. 예를들어, 특정 웹사이트에 로그인 했던 아이디를 기억하거나, 쇼핑몰과 같은 홈페이지에 방문시 이전에 구매했던 장바구니의 항목을 기억하도록 하는 것이 쿠키를 이용한 대표적인 기능이다.

물론, 쿠키는 악의를 가진 사용자에 의해 해킹 등의 올바르지 않은 방법으로 활용될 수 있을 것이라는 우려에도 불구하고, 쿠키는 다른 웹 사이트나 바이러스에 개인의 세부사항을 전달 할 수는 없다. 쿠키는 오직 쿠키를 생성한 서버에서만 읽을 수 있기 때문이다. 일반적으로 오늘날 많은 웹사이트는 사용자의 편의성 증진을 위해 쿠키를 사용한다.

15.1 자바스크립트로 쿠키를 생성하는 방법

```
document.cookie =
"myContents=Quackit JavaScript cookie experiment;
    expires=Fri, 19 Oct 2010 12:00:00 UTC; path=/";
```

웹브라우저가 위의 구문을 실행하면 쿠키를 생성한다. 윈도우 시스템의 경우는 프로그램 파일 폴더 아래 인터넷 익스플로러 디렉토리에 위치한 쿠키 폴더를 점검해보라. 만약 쿠키가 생성되지 않은 경우라면 만기 날짜를 확인하기 바란다. 이 값을 다른 값으로 같은 코드를 사용하여 갱신할 수 있다. 또 다른 쿠키를 추가하고 싶으면 서로 다른 변수 이름을 사용하면 된다 (예: "myContents2=").

15.2 자바스크립트로 쿠키를 읽는 방법

```
document.write(document.cookie);
```

자바스크립트에서는 단순하게 document.cookie 문장을 사용하면 쿠키를 읽어 들일 수 있다. 위 코드에서 발생 가능한 유일한 문제는 쿠키이름을 비롯해서 등호(=)를 포함한 모든 것을 출력한다는 것이다(예: "myContents=쿠키내용"). 이를 방지하기 위해서는 다음과 같은 코드를 사용하면 된다.

```
document.write(document.cookie.split("=")[1])
```

15.3 JavaScript로 쿠키를 삭제하는 것

쿠키의 유효기간을 설정할 때 사용하는 동일한 코드를 사용하여 쿠키를 삭제할 수 있다. 즉, 저장된 쿠키의 유효기간을 현재보다 과거로 설정하여 유효기간 경과로 인한 쿠키 자동 삭제를 유발하는 방법이다.

```
document.cookie =
"myContents=Quackit JavaScript cookie experiment;
      expires=Fri, 14 Oct 2010 12:00:00 UTC; path=/";
```

16. 자바스크립트에서 날짜와 시간 다루기

자바스크립트는 날짜정보에 접근하는 유용한 방법을 제공한다. 사용자의 로컬 컴퓨터로부터 현재시간에 대한 정보를 얻어와 이를 웹브라우저에서 활용할 수 있도록 한다. 자바스크립트를 사용하여 현재 날짜와 시간을 표시하는 것은 비교적 간단하나, 출력되는 데이터 포맷을 다소 수정해야 할 필요는 있다. 이러한 작업은 자바스크립트에서 제공하는 날짜/시간 함수들을 사용하여 수행할 수 있다.

16.1 현재 날짜 출력

현재 시간을 출력하기 위해서는 Date객체로부터 현재 날짜정보를 얻어와 getDate(), getMonth(), getFullYear() 메소드를 통해 년/월/일 정보를 얻어내어 출력하면 된다.

```
var currentDate = new Date()
var day = currentDate.getDate()
var month = currentDate.getMonth()
var year = currentDate.getFullYear()
document.write("<b>" + day + "/" + month + "/" + year + "</b>")
```

실행결과는 다음과 같다.

```
31/10/2010
```

16.2 현재 시간 표시

현재 시간을 출력하기 위해서는 Date객체로부터 현재 시간정보를 얻어와 getHours()와 getMinutes() 메소드를 통해 시간과 분에 대한 정보를 얻어내어 출력하면 된다.

```
var currentTime = new Date()
var hours = currentTime.getHours()
var minutes = currentTime.getMinutes()

if (minutes < 10)
minutes = "0" + minutes

document.write("<b>" + hours + ":" + minutes + " " + "</b>")
```

실행결과는 다음과 같다.

```
23:44
```

위의 자바스크립트 프로그램 코드 중에는 만일 현재 시각 중 분이 10보다 작으면 데이터 출력 포맷을 두자리수로 맞추고자 문자열에 "0"을 추가하는 코드가 있다. 기본적으로는 한자릿수 분 정보에 대해서는 "0"이 표시되지 않는다. 따라서, 이러한 방법을 통해 추가적으로 작업을 해야만 데이터 출력 포맷을 유지할 수 있다. 만약, AM/PM 형식으로 표시해야 하고자 하는 경우 방법은 다음과 같다.

16.3 AM/PM 형식으로 현재 시간 표시

AM/PM 형식으로 현재시간을 표시하기 위해서는 현재 시간을 얻어와서 12시간 보다 작은 경우와 큰 경우에 대해서 각각 AM/PM을 표시하도록 문자열을 추가하면 된다.

```
var currentTime = new Date()
var hours = currentTime.getHours()
var minutes = currentTime.getMinutes()

var suffix = "AM";
if (hours >= 12) {
suffix = "PM";
hours = hours - 12;
}
if (hours == 0) {
hours = 12;
}

if (minutes < 10)
minutes = "0" + minutes

document.write("<b>" + hours + ":" + minutes + " " + suffix + "</b>")
```

실행결과는 다음과 같다.

```
11:44 PM
```

17. 자바스크립트 배열

17.1 배열이란 무엇인가?

배열은 대부분의 프로그래밍 언어와 스크립트 언어의 근본적인 프로그래밍 기법이다. 배열은 같은 자료 유형이 여러개 존재하는 데이터 항목을 받는 자료구조이다. 배열을 사용하면서, 하나의 이름으로 여러개의 값을 저장하고 액세스할 수 있다. 각 항목을 위해 분리된 변수를 사용하는 대신에 그들 모두를 수용하기 위해 한 개의 배열을 사용할 수 있다.

예를 들면, 다음과 같은 세 개의 문자열을 저장해 두었다가 화면에 출력하고 싶은 경우, 배열을 사용하지 않으면 서로다른 세가지 변수에 아래와 같이 보관할 수 있다.

```
faqQuestion1 = "What is an array?"
faqQuestion2 = "How to create arrays in JavaScript?"
faqQuestion3 = "What are two dimensional arrays?"
```

물론, 이것도 잘 동작한다. 하지만, 이 변수에 담긴 데이터를 접근할때에는 매번 프로그래머가 서로다른 변수에 대한 참조를 명시해 주어야 한다. 또한, 이와 같이 변수이름을 서로 다르게 지정하는 경우 반복문(Loop)과 같은 자동화된 방법으로 세 개의 문자열을 접근할 수 없는 문제가 있다.

따라서, 이러한 경우 각각의 변수 대신 배열을 사용하게 되면 문제가 자연스럽게 해결된다. 아래 표는 배열을 통해 위 데이터를 저장한 것을 시각적으로 표시하고 있다.

Array	
0	What are JavaScript arrays?
1	How to create arrays in JavaScript?
2	What are two dimensional arrays?

자바스크립트에서 배열 인덱스는 C언어나 JAVA 언어와 유사하게 0부터 시작한다.

17.2 자바스크립트로 배열 만들기

대부분의 프로그래밍 언어에서 배열을 생성하는데 유사한 구문을 제공한다. 자바스크립트 배열은 배열 개체 생성하여 배열변수에 할당하는 형태로 JAVA 언어와 매우 유사하다.

```
var array_name = new Array(number_of_elements)
```

위와 같이 배열변수를 우선 생성했다면, 다음은 각각의 배열 요소(element)에 값을 할당할 차례이다.

```
array_name[0] = “Array element”
```

위에서 세 가지 다른 변수에 대입했던 예제를 배열을 사용하면 다음과 같다.

```
var faq = new Array(3)
faq[0] = “What are JavaScript arrays”
faq[1] = “How to create arrays in JavaScript?”
faq[2] = “What are two dimensional arrays?”
```

17.3 JavaScript로 배열에 접근하는 것

자바스크립트에서 배열을 사용하면, 배열의 이름과 요소(element)의 인덱스(index) 번호를 참조하여 배열의 요소에 접근한다. 이것은 다른 프로그래밍언어에서도 공통적인 매우 일반적인 배열 사용법이다. 따라서, 배열의 특정 요소를 화면에 표시하고자 할 때에는 아래와 같이 배열이름과 인덱스 번호를 사용하면 된다.

```
document.write(faq[1])
```

위의 코드는 배열이라는 질문의 두 번째 요소를 표시한다(JavaScript 배열의 인덱스 번호는 0부터 시작한다). 이 경우, 이 값은 어떻게 JavaScript 배열로 만들 수 있을까?

17.4 배열의 내용을 수정하는 것

배열의 특정 요소의 값을 수정하고자 할 때에는, 그 값을 참조(사용)할 때와 마찬가지로 인덱스 번호로 해당 값을 지정하여 수정할 수 있다.

```
faq[1] = "배열에 들어갈 새로운 값"
```

이 경우, 이 배열의 두 번째 요소의 값은 원래의 내용이 사라지고 "배열에 들어갈 새로운 값" 이라는 내용이 들어간다.

4부

자바 서블릿과 JSP

학습목표

- 자바 서블릿(Servlet)의 개념을 이해한다.
- 자바 서버 페이지(JSP)의 개념을 이해한다.
- 자바 서블릿과 JSP의 관계를 파악한다.

1. 자바 서블릿(Servlet)

자바 서블릿은 자바 플랫폼에서 활용되는 컴포넌트 기반(component based)의 웹 애플리케이션(web application) 개발 기술이다. 컴포넌트 기반이라 함은, 자바 프로그래밍 언어가 기본적으로 객체지향 기술에 기반한 프로그래밍 언어이기 때문이다. 자바 서블릿은 의미 있는 프로그램의 일부를 컴포넌트로 분리/개발하고, 이러한 컴포넌트간 통신을 통해 목적하는 서비스를 제공한다.

CGI 는 초기 웹 프로그래밍에 많이 활용된 기술로, 서버와 동적으로 통신할 수 있는 방법을 제공하는 훌륭한 방법이었다. 하지만, 프로세스 단위로 실행되기 때문에 사용자가 증가하면 성능이 급격히 저하되는 문제점이 있다.

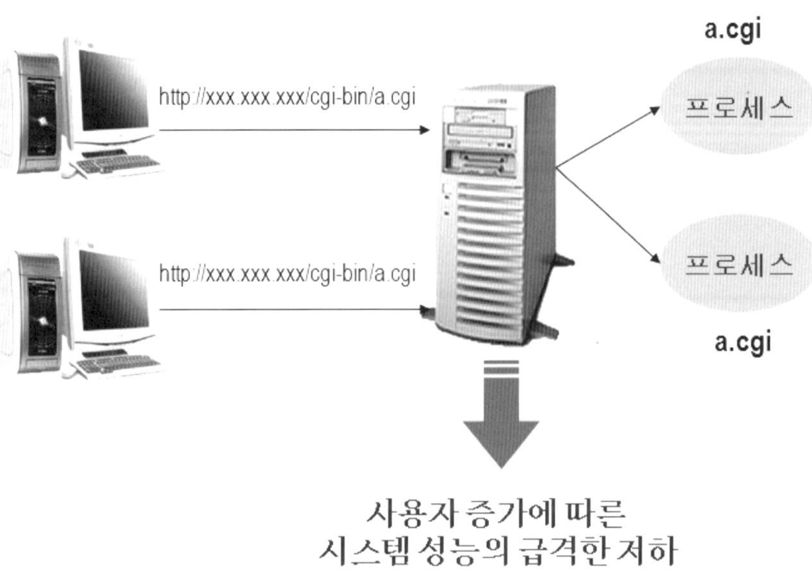

그림 51 CGI의 문제점

서블릿은 자바 언어를 이용하여 효과적이면서도 다이나믹한 웹 사이트를 개발할 수 있도록 하는 기술이다. 자바 서블릿은 CGI의 문제점을 해결하기 위해서 개별 연결(connection)당 하나의 프로세스를 생성하지 않는다. 대신, 개별 연결을 처리하기 위해 쓰레드를 매핑시켜 처리하므로, 오버헤드가 매우 작다(lightweight). 이에 따라, 접속 사용자 수가 증가하더라도 서버 성능을 저하시키지 않는다. 이와 같이 서블릿은 자바가상머신을 내장한 서블릿 운영환경을 통해 웹 서버의 기능을 확장시키는 방법을 제공한다. 자바 서블릿을 지원하는 가장 대표적인 웹 서버로는 아파치 톰캣(apache tomcat)을 꼽을 수 있다.

1.1 웹 애플리케이션과 웹 애플리케이션

웹 애플리케이션: 현대 동적(dynamic) 웹 사이트에서 제공되는 다양한 응용기술을 일컫는 말이다. 정적인(static) 과거 HTML 기반 홈페이지 기술은 서버에서 미리 준비해둔 페이지를 단순히 읽어서 보여주는 서비스만 제공하였다. 하지만 현대 동적 홈페이지 제작 기술은 사용자 요청이 들어왔을 때, 다양한 서버측 데이터를 바탕으로 사용자가 원하는 새로운 결과를 동적으로 생성하여 제공할 수 있다. 따라서, 사용자가 원하는 다양한 응용을 웹으로 구현할 수 있기 때문에, 웹 애플리케이션(web application)이라 부른다.

웹어플리케이션의 구성요소	기능
웹 브라우저	웹에서 클라이언트이며, 사용자의 작업창이라 할 수 있다.
웹 서버	웹 브라우저의 요청을 받아들이는 곳으로 작업의 결과도 웹 브라우저에게 응답을 하는 곳이다. 요청된 페이지의 로직 및 데이터베이스와의 연동을 위해 어플리케이션 서버에 이들의 처리를 요청하는 작업을 수행한다.
웹 어플리케이션 서버(WAS)	요청된 페이지의 로직 및 데이터베이스와의 연동을 처리하는 부분이다.
데이터베이스	데이터의 저장소로 웹에서 발생한 데이터는 모두 이곳에 저장된다. 게시판의 글들, 회원의 정보 등등

1.2 서블릿 동작 원리

클라이언트 요청에 대해서 서블릿 컨테이너가 이에 해당하는 요청을 처리하기 위한 자바 객체를 인스턴스화 한다. 객체의 해당 요청을 처리한 결과를 다시 HTML 형태로 변환하여 사용자에게 결과를 반환할 수 있도록 한다. 필요하다면 자바 객체가 데이터베이스에 접근하여 사용자가 필요로 하는 데이터를 구성할 수 있다.

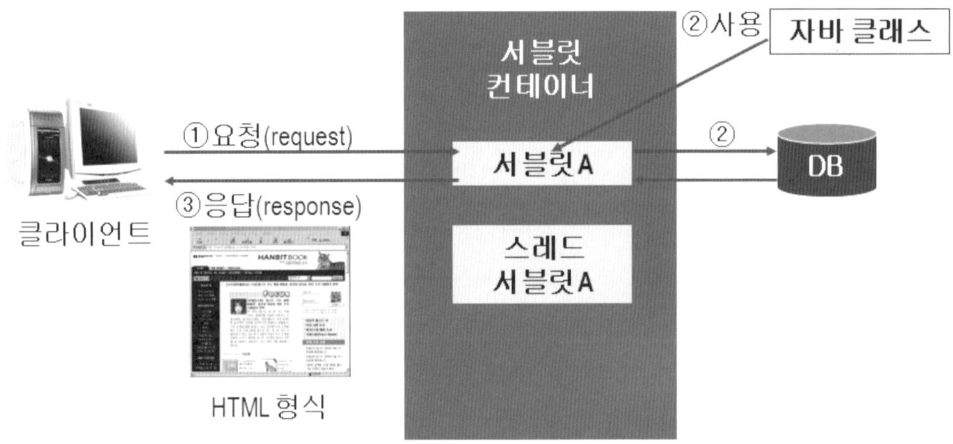

그림 52 서블릿 동작시 자바 클래스와 DB 접근

아래 그림은 클라이언트가 웹 서버에게 요청을 전송하고, 다시 웹 서버가 생성된 html은 서블릿 컨테이너가 클라이언트측 웹 브라우저로 전송한다. 이렇게 전송된 클라이언트 요청에 적합한 자바 클래스 파일을 찾아 이를 실행하는 역할은 서블릿 엔진이 담당한다. 따라서, 서블릿 코드가 실행되고 그 결과를 돌려 받아 웹 서버가 클라이언트측에 다시 전송하는 형태로 서블릿이 동작한다.

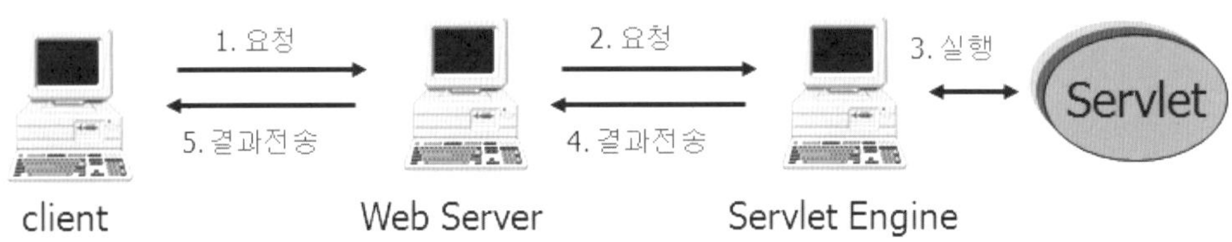

그림 53 서블릿 동작과 웹 서버 컨테이너의 실행

1.3 서블릿의 장점

서블릿은 쓰레드를 기반으로 하므로 웹 애플리케이션을 효율적으로 운영할 수 있다. 자바를 기반으로 하므로 자바 API에서 제공되는 유용한 기능들을 대부분 사용할 수 있다. 서블릿은 자바가상머신 상에서 돌아가므로 운영체제나 하드웨어에 영향을 받지 않는다. 서블릿은 자바 언어의 특징을 그대로 이어받기 때문에, 한 번 개발된 애플리케이션은 다양한 서버 환경에서도 실행이 가능하다. 그리고, 서블릿은 쓰레드 기반으로 동작하기 때문에 웹 애플리케이션에서 효율적인 데이터 공유 방법을 제공한다. 즉, 전역변수로 선언 및 정의된 변수 값은 여러 쓰레드가 쉽게 접근할 수 있기 때문에 데이터의 공유가 간편하다. 서블릿을 사용하면 컨텐츠와 비즈니스 로직을 손쉽게 분리할 수 있다. 즉, 비즈니스 로직은 자바 코드로 구현하고 컨텐츠 등의 화면 처리부분은 HTML 과 같은 스크립트 언어로 작성하는 것이다. 이렇게 되면, 컨트롤러와 뷰의 역할 분담이 자연스럽게 이루어지고, 웹 디자이너와 개발자간의 원활한 공동작업이 가능해진다. 디자이너는 프로그래머가 HTML, 자바스크립트 스타일시트 등 복잡한 기술을 모두 알아야 할 필요가 없기 때문이다. 결과적으로, 유지보수가 수월해지고 향후 기능의 확장이 용이하다.

TIP

웹 애플리케이션 서버

서블릿 컨테이너(Servlet Container)를 만드는 그룹은 초기에 Apache JServ라는 오픈소스 개발자들의 그룹과 썬 마이크로시스템즈(Sun Microsystems)의 두개 그룹이 있었다. 이들은 개발 방향이 서로 달라서 Jserv는 성능 향상에 초점을 두었고, 썬 마이크로시스템사는 서블릿의 스펙을 좀 더 충실하게 구현하는데 주안을 두었다. 그런데, 향후 성능 향상과 충실한 서블릿 스펙 지원의 두 마리 토끼를 모두 잡기에는 이들 각각은 부족한 부분이 많았다. 따라서, 썬 마이크로시스템즈는 이러한 사실로 인하여, 자신들의 코드를 Jserv의 아파치 공개소스 관리 그룹(apache software foundation)에 넘겨주었고, 두가지 둘이 통합되어 톰캣이라는 서블릿 컨테이너를 개발하기 위한 자카르타(Jakarta) 그룹이 형성되어, 결국 tomcat의 탄생으로 이어졌다. 예전에는 아파치 웹서버와 자바 애플리케이션 서버를 별도로 사용하여 개발환경을 구축하기도 했으나, 톰캣 서버 하나로 충분하다. 물론, 실제 대규모 사이트 운용환경에서는 IBM, BEA 등의 상용제품을 사용하는 경우가 많지만, 이 책에서는 무료로 사용할 수 있고 강력한 웹서버 환경을 제공하는 톰캣을 사용하도록 한다. 인터넷 브라우저를 통해 http://tomcat.apache.org 로 접속하여 설치파일을 다운로드할 수 있다.

TIP

가장 널리 활용되는 웹 애플리케이션 서버는 아파치(Apache)의 톰캣(Tomcat), IBM 웹스피어(WebSphere), 비(BEA)의 웹로직(WebLogic)의 세가지 이다. 게다가 이들 웹 애플리케이션 서버는 EJB 스펙 지원도 가능하여, 자바 웹 서비스 기반의 수준높은 응용 서비스를 제공할 수 있다.

▶ 아파치 톰캣 (Apache Tomcat)

무료로 다운로드 하여 사용할 수 있기 때문에 JSP 입문자들이 가장 많이 사용하는 웹 애플리케이션 서버이다. 부담없는 구동 오버헤드 등 편리함과 익숙함으로 인해, 중고급 개발자들도 시스템 개발과정에서는 톰캣 서버를 주로 활용한다. 실제로 서비스 서버에 적용(deploy)하기 전까지는 톰캣 개발환경을 로컬 PC에 설치하고 여기서 개발하는 것이 일반적이다.

▶ IBM 웹 스피어(Web Sphere)

IBM WebSphere Studio Application Developer (WSAD)는 J2EE 기반의 어플리케이션의 개발, 테스트, 전개의 일련의 과정을 수행하는 통합 개발 환경을 제공한다. 이 개발툴의 장점은 역할별 작업이 가능하다는 점이다. DB Admin, 웹개발자, Java 개발자 등이 각각 자기 역할만 수행하며 작업할 수 있도록 협업 툴을 제공한다는 것이 큰 장점이다. WSAD를 이용하면 아래와 같은 어플리케이션의 개발이 가능하다.

① HTML 페이지, 서블릿, JavaServer™ Page(JSP) 파일, 엔터프라이즈 자바빈(EJB™) 컴포넌트 등을 포함하는 J2EE 어플리케이션 구축
② 표준성과 공개성과 준수하는 웹서비스 어플리케이션 작성
③ DTD 또는 스키마로부터 XML 문서 생성
④ 협업 작업을 위한 팀 환경 조성
⑤ 어플리케이션의 성능을 최적화
⑥ 로컬 또는 원격 테스트 가능
⑦ 마법사, 코드 생성기, 베스트 프랙티스를 통한 생산성 향상

WSAD는 웹서비스 작성을 위한 마법사 기능을 제공하고 있다. 서비스 제공자를 위해서는 기존의 Bean을 WSDL 형태로 만들어 UDDI 레지스트리에 등록하는 과정까지를 제공한다. 서비스 요청자의 입장에서는 가져오기(Import) 기능에서 UDDI 가져오기를 선택하여 필요한 WSDL 파일을 로컬로 가져올 수 있고, 이 파일을 이용해서 웹서비스 클라이언트를 만들 수 있다. WSAD는 XML, SOAP, UDDI 등을 지원하는 Java Runtime 환경이다. 따라서, WSAD를 이용하여 다음과 같은 애플리케이션의 개발이 가능하다.

① HTML 페이지, 서블릿, JavaServer™ Page(JSP) 파일, 엔터프라이즈 자바빈(EJB™) 컴포넌트 등을 포함하는 J2EE 어플리케이션 구축
② 표준성과 공개성과 준수하는 웹서비스 어플리케이션 작성
③ DTD 또는 스키마로부터 XML 문서 생성
④ 협업 작업을 위한 팀 환경 조성
⑤ 어플리케이션의 성능을 최적화
⑥ 로컬 또는 원격 테스트 가능
⑦ 마법사, 코드 생성기, 베스트 프랙티스를 통한 생산성 향상

▶ BEA 웹 로직(Web Logic)

① 플랫폼 독립성

Java Virtual Machine (JVM)이 탑재된 어떠한 플랫폼에서도 어플리케이션 수행 가능하다. Java의 "WORA(Write Once, Run Anyware)"을 장점이 서버 Business Logic에도 확대

② 자바 개발 툴 지원

대부분의 자바 통합 개발 환경(IDE)을 지원한다.

- Visual Cafe, Jbuilder
- Visual J++, Visual Age, Java WorkShop..

③ 다양한 클라이언트 지원

- 웹 브라이저는 HTML+Servlet 또는 JSP(Java Server Page)를 사용하여 웹로직의 비즈니스 컴포넌트를 사용할 수 있다.
- 마이크로소프트의 ASP(Active Server Page)에서도 웹로직과 연동할 수 있다.
- Java Applet 내에서 웹로직의 컴포넌트를 호출할 수 있다.

- Java Appletcation으로 작성한 클라이언트.

.Visual Basic 클라이언트.

.Visual C++ 클라이언트.

.PowerBuilder 클라이언트

④ 컴포넌트 모델 통합 (EJB, COM, CORBA)

- EJB, COM/DCOM, CORBA등 모든 컴포넌트 모델을 통합하므로서, 각 컴포넌트 모델의 비즈니스 객체를 WebLogic 어플리케이션 서버에서 그대로 사용 가능하다.
- COM 을 자바로 자동 엑스포트(export) 가능하다.
- EJB를 자동적으로 VB, Visual C++, Active Server Pages, PowerBuilder등에서 사용 가능하게 임포트(import) 한다.

⑤ 다양한 DBMS 연결

- Type II, Type III, Type IV JDBC 제공 (Oracle, MS SQL Server, Sybase, Informix)
- 이종의 데이터에 대한 일관된 접속방법 제공
- Works with any JDBC-compliant driver (IBM DB2, CICS VSAM, JDBC/ODBC bridge)

⑥ Zero Administration Client(ZAC)

WebLogic 어플리케이션 서버는 중앙에서 프로그램을 자동으로 분배하는 기능 및 버젼 관리 기능이 제공되므로, 어플리케이션이 변경되면 자동으로 변경 사항이 반영된다. 그러므로 클라이언트 유지 보수에 전혀 신경쓸 필요가 없다. 분배에 관한 W3C 표준(DRP, OSD)을 지원한다. 이종의 데이터와 소프트웨어 또한 배포할 수 있으며, Java Application으로 제공된다.

⑦ Resource 관리.

WebLogic 어플리케이션 서버는 관계형 데이타베이스, 파일시스템 및 OODBMS등과 연동 가능하며, 레거시 시스템 및 기존 어플리케이션 (ERP, SAP R/3등)과 통합 가능하다.

- 고속 파일 시스템을 제공,
- 레거시 시스템과의 통합(Integration)이 가능 (BEA Connect CICS/IMS)
- JOLT를 사용하여 Tuxedo 시스템과의 통합(Integration) 가능
- ERP, SAP R/3 패키지 통합가능(BEA EAI Solution)
- 클러스터링이 가능

2. JSP 소개

JSP는 Sun Microsystems에서 만든 자바 Servlet 기반의 서버 스크립트 기술이다. Servlet의 특징을 대부분 물려 받았기 때문에 Servlet의 장점을 그대로 이용할 수 있다. 즉, JSP는 서블릿 기술에 기반한다. JSP가 개발될 당시 ASP나 PHP와 같은 쉬운 스크립트 언어의 등장으로 Servlet 의 인기가 시들해지고 있었고, 이에 Sun Microsystems가 심사숙고 끝에 내놓은 스크립트 언어가 바로 JSP 이다.

2.1 JSP의 특징

- Java Beans 컴포넌트를 이용한 비즈니스 모듈의 재사용성 향상
- Servlet으로 컴파일 된 후, 메모리에 적재되어 실행되는 JSP
  → 대부분 별도의 실행환경 없이 서블릿 컨테이너에 통합됨.
- 많은 사용자의 요청에 대한 원활한 처리 (Multi-Thread)
- JSP 또는 다른 Servlet과의 데이터 공유 용이성(내장객체 이용)
- 사용자 정의 태그를 만들어 사용할 수 있으며, JSTL(JSP Standard Tag Library)를 통한 기능의 확장

2.2 JSP 실행과정

JSP는 위에서도 언급한대로, 스크립트 기반의 언어이기 때문에 서버에서 직접 Servlet 코드를 생성한다. 이는 프로그래머가 초급자인 경우를 가정했을 때 초급 프로그래머가 직접 코딩한 Servlet코드에 비해 보다 효율적인 코드일 수 있다. JSP의 실행은 다음과 같다.

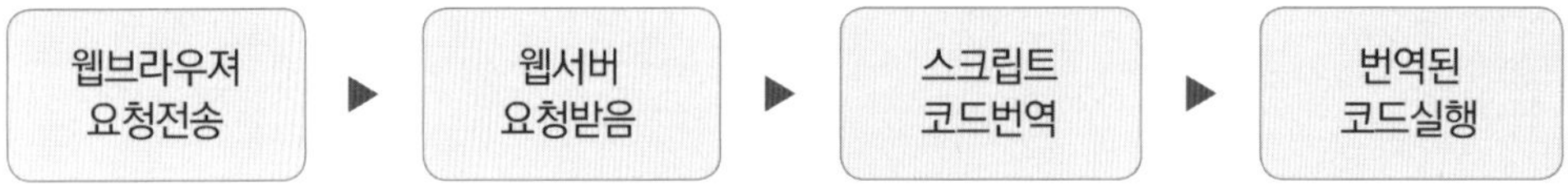

그림 54 JSP 실행 과정

위와 같은 과정을 거치며 JSP 페이지에 대한 서비스를 하기 위해서는, 웹 어플리케이션을 실행 할 수 있는 웹 어플리케이션 서버(WAS)가 필요하다. 이를 웹 컨테이너(Web Container)라고 부르며 웹 컨테이너의 내부에는 JSP 컨테이너와 Servlet 컨테이너가 존재한다. 대표적인 웹 컨테이너로는 Apache 그룹의 Tomcat이 있고, 그 외 Resin, WebLogic등과 같은 실제 엔터프라이즈 서비스에 많이 활용되는 상용 웹컨테이너가 있다. 일반적으로, 개발시에는 Apache Tomcat와 같은 공개 웹서버를 각 개발자가 PC마다 설치하여 작업한다. 각자 맡은 부분을 개발하여 공동의 작업 서버(CVS 등)에 저장하며 작업이 이루어지고, 웹 사이트 구축이 어느정도 되면, BEA WebLogic 과 같은 엔터프라이즈 서버를 통해 실행해보고 설치한다. Tomcat과 WebLogic이 기능상 큰 차이가 있는것은 아니므로, 위와 같은 방법으로 작업하는 것이 가능하다.

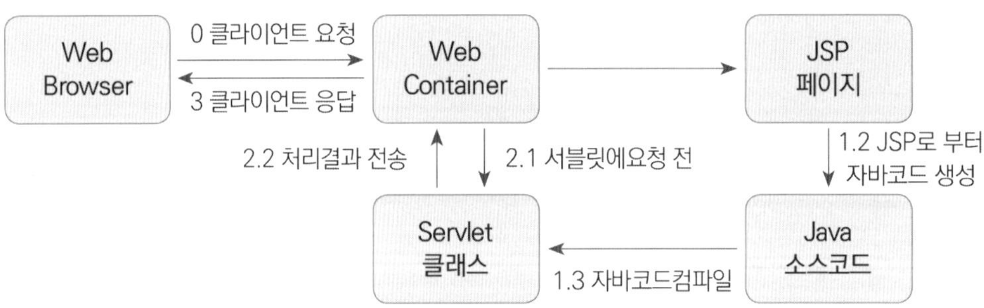

그림 55 Apache Tomcat 웹 컨테이너의 사용자 요청 처리과정

2.3 JSP의 장점 및 단점

▶ JSP의 장점

① JSP는 Java언어를 기초로 하여 Java의 장점(객체지향)을 그대로 활용할 수 있습니다.

② HTML, XML등 웹 서비스와 관련된 문서를 생성하여 서비스할 수 있습니다.

③ Servlet, EJB등의 엔터프라이즈 기술과 잘 융합하여 사용할 수 있습니다.

④ 표현언어, 표현식, 스크립트릿 등을 활용 쉽게 웹 어플리케이션의 개발이 가능합니다.

⑤ 소스 수정 시 컴파일을 할 필요 없이 스크립트 코드만 고치면 바로 적용이 됩니다.

⑥ 플랫폼 독립적인 언어로 JVM만 있으면 Linux, Windows, Mac 어디서나 사용 가능합니다.

▶ JSP의 단점

HTML과는 달리, 누구나 쉽게 배울 수는 없다. 즉, 원래의 취지처럼 누구나 쉽게 사용하기는 힘든 프로그래밍 언어이다. JSP를 활용해서 올바른 프로그래밍을 하려면 JAVA에 대한 기초적인 이해가 따라줘야 한다. 특히 MVC패턴 등의 고급기술을 사용하려면 더욱 더 Java에 대한 이해가 중요하다.

3. 서블릿(Servlet)과 JSP의 관계

기존 CGI(Common Gateway Interface)가 성능 및 구조상의 여러가지 문제점을 발생함에 따라 서블릿이 개발되었듯이, 서블릿도 몇가지 문제점이 발생하였다. 따라서, 이를 해결하기 위한 새로운 개념을 제시한것이 JSP라고 할 수 있다. 서블릿은 프로그램에서 HTML 코드를 핸들링한다. 즉, HTML의 특정 태그(예를들면, 〈TABLE〉이나 〈P〉 태그)를 찍으려 할 때, out.println("〈TABLE〉"); 과 같은형태로 항상 출력 메소드 내부에 코드를 적어주어야 한다. 단순한 HTML 코드 하나 찍는데 자바 소스코드를 매번 적어줘야 하니 불편했다. 그리고, 컨텐츠와 비즈니스 로직이 분리되지 않고, 자바 소스코드에 통째로 들어가다 보니 프로젝트의 크기가 커지면 커질수록 개발 및 관리에 큰 어려움이 생기게 되었다.

① 서블릿 문제점 대두

프로그램에서 HTML 핸들링
컨텐츠와 비즈니스 로직이 분리되지 않음
개발과 관리의 어려움

② JSP 등장

HTML에서 프로그램 핸들링이 가능
→ JSP 스크립팅 기술

③ JSP 스크립트 기술의 한계

HTML에서 프로그램 핸들링
컨텐츠와 비즈니스 로직이 분리되지 않음
컨텐츠 관리는 쉬워졌지만 프로그램 관리는 이전보다 더 복잡해짐

④ MVC 패턴 주목받기 시작

애플리케이션 구성 요소 단위로 역할 분담
모델 : 자바 클래스(DAO, DO)
뷰 : JSP, JSTL
컨트롤러 : 서블릿

그림 56 JSP 프로그래밍에서 MVC 디자인패턴의 필요성

따라서, 이러한 서블릿의 문제점을 해결하기 위해서 HTML 페이지 내부에 프로그램을 작성할 수 있는 JSP 스크립팅 기술이 등장했다. HTML에서 프로그램을 핸들링 하므로, HTML 태그를 쓸 때와 JSP 코드를 쓸 때, 분리해서 각각 사용하면 된다. 굳이 out.println() 메소드를 사용할 필요가 없다. 이러한 JSP의 개념이 인기를 끌고 널리 활용되었지만, 이 방법 역시 비즈니스와 컨텐츠의 명확한 분리는 어려웠으므로, 이러한 원인으로 하여금 오늘날 MVC 디자인 패턴이 널리 퍼지게 된 계기가 되었다.

3.1 JSP와 JAVA

JSP는 Java Server Pages의 약자로 썬 마이크로시스템즈(Sun Microsystems)사의 자바 서블릿(Servlet) 기술을 확장시킨 웹 환경 상에서 100% 순수한 자바만으로 서버 사이드 모듈을 개발하기 위한 기술이다. JSP는 DBMS와 같은 백 엔드 서버(Back-end Server)와 연동하여 이들 백 엔드 서버의 데이터를 가공하여 웹 상의 최종적 사용자에게 디스플레이 할 수 있고, 여러 조건에 따라 디스플레이 할 수 있는 내용들을 동적으로 처리할 수 있는 기능을 제공하고 있다. JSP는 자바 언어를 기반으로 만들어진 스크립트 언어이며, 다음과 같은 특징을 가지고 있다.

- 객체 지향적
- 플랫폼 독립적
- 네트워크 지향적
- 뛰어난 보안성
- 멀티스레드 기능
- 친근한 코드

웹 브라우저에서 jsp페이지를 웹 서버로 요청하게 되면, 웹 서버는 JSP에 대한 요청을 웹 컨테이너로 넘긴다. 이런 요청을 받은 웹 컨테이너는 해당 JSP 페이지를 찾아서 서블릿(자바 파일)으로 변환을 시킨 다음 서블릿(자바 파일)을 컴파일한다. 컴파일된 서블릿(자바 파일)은 최종적으로 웹 브라우저 응답되어져 사용자는 응답 결과를 확인할 수 있다. 이러한 과정은 해당 JSP페이지가 최초로 요청되었을 때 단 한번만 실행되며, 이후 같은 페이지에 대한 요청이 있으면 이미 변환되어 있는 서블릿 파일로 서비스를 처리하는 형태로 동작한다.

3.2 JSP의 서블릿 변환과정

특정한 JSP 페이지가 클라이언트 웹 브라우저에 의해 요청되는 경우, 이를 서비스하는 과정을 설명한다. JSP 문서는 우선적으로 자바 서블릿으로 변환되어야 하며, 이는 서블릿 컨테이너를 통해 해석되어 처리된다.

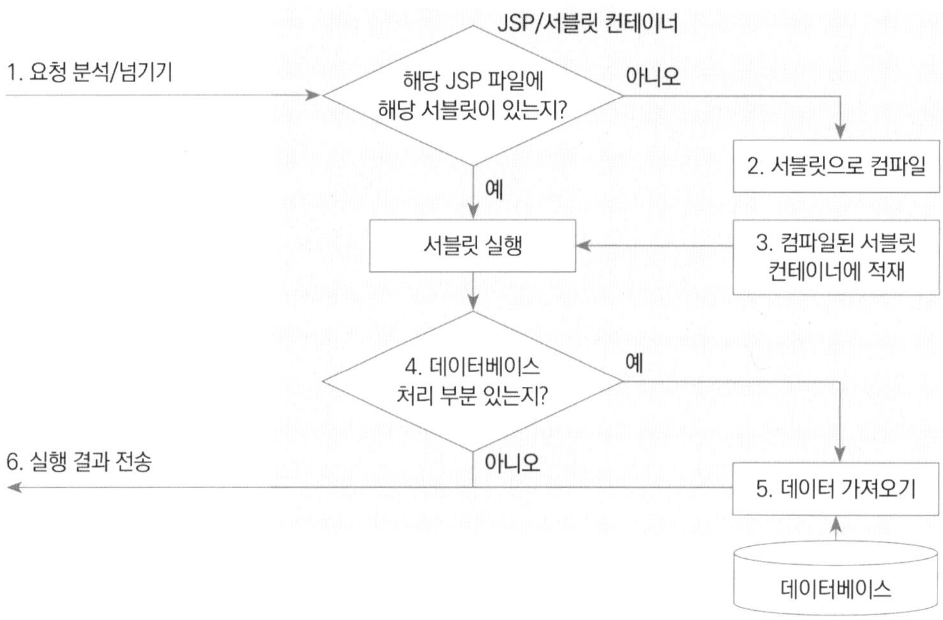

그림 57 JSP 호출시 서블릿 변환과 기존 서블릿 실행 결정에 처리 흐름

위 그림 57과 같이 JSP 페이지가 웹 서버에의해서 자동으로 컴파일 과정을 거치면 Servlet 코드가 생성되고 컴파일된다. Servlet 코드는 위 예제의 코드 스니펫(snippets)과 HTML을 확장한다. 즉, JSP는 서블릿에 비해 스크립트 언어의 장점을 가지면서

JSP와 서블릿 비교

	Servlet	JSP
중심언어	Java	태그
MVC 역할	Control	View
활용	Business-Logic	화면구성

이러한 과정을 통해 아래와 같이 화면에 HTML 페이지를 출력하는 출력 스트림(output stream) 코드가 생성된다.

```
out.write("\n\n");
out.write("<html>\n");
out.write("<head>\n");
out.write("  <title>   Hello World Example </title> ");
out.write("</head>\n");
out.write("</head>\n");
out.write("<body>\n");
for (int i=1; i <5; i++)
{
        out.write("\n    ");
        out.write("<h");
        out.write("String.valueOf(i));
        out.write(">Hello    World");
        out.write("</h");
        out.write("String.valueOf(i));
        out.write(">\n");
}
out.write("</body>\n");
out.write("</html>\n");
```

그림 58 HelloWorld 예제의 자동 컴파일 결과

위 코드는 실행될 때, 다음과 같은 HTML 코드를 사용자의 웹브라우저로 전송한다. for 반복문(loop)에서 0부터 5까지 스텝을 반복함으로써 화면에 <h1>크기부터 <h4>까지의 문자열을 출력할 수 있도록한다.

```
<html>
<head>
        <title>   Hello World Example </title>
</head>
<body>
        <h1>   Hello World </h1>
        <h2>   Hello World </h2>
        <h3>   Hello World </h3>
        <h4>   Hello World </h4>
</body>
</html>
```

그림 59 자동 생성된 JSP 실행시 생성되는 HTML 내용

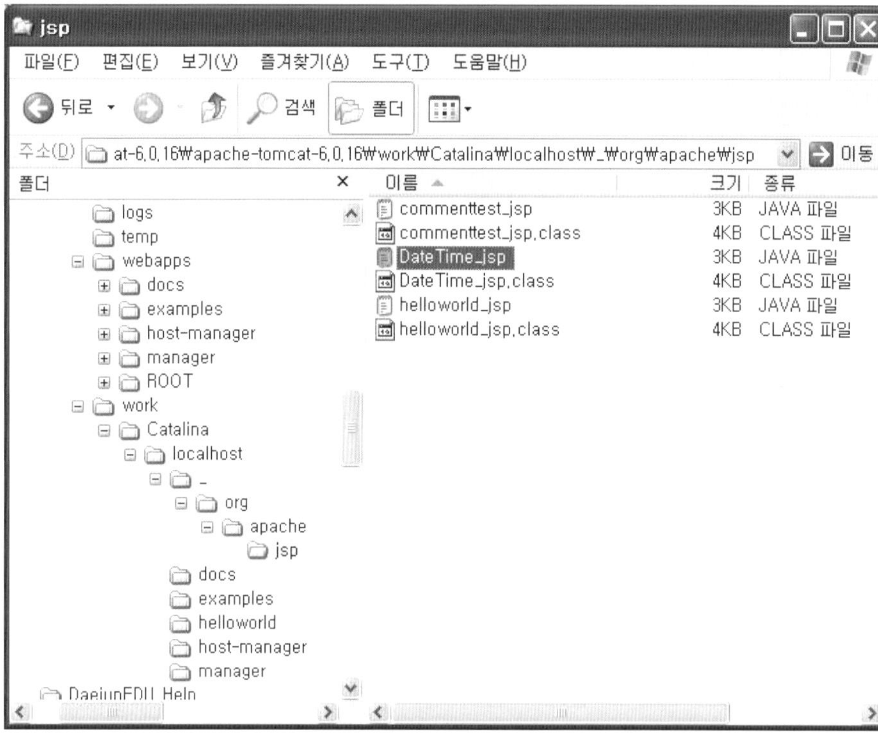

그림 60 JSP로부터 변환된 자바 서블릿 소스코드와 바이트코드 디렉토리

자동생성된 서블릿 파일은 아래 디렉토리에 저장된다.

C:\Temp\apache-tomcat-6.0.16\work\Catalina\localhost_\org\apache\jsp

이 때, 앞의 C:\Temp\apache-tomcat-6.0.16 디렉토리는 여러분의 설정과 다를 수 있음을 인지하자. 위 디렉토리로 이동하면 JSP가 JAVA 서블릿 코드로 변환되어 생성된 소스코드(확장자 .JAVA)가 존재하고, 이를 컴파일한 바이트코드(확장자 .class)가 보인다.

5부

JSP 개념 및 웹 개발 프로세스

학습목표

- JSP 기본요소(element)의 개념을 이해한다.

1. JSP 프로그래밍 환경 설치

JSP 프로그램을 작성하기 위해서는 먼저 JAVA 환경이 구축되어 있어야 하며 JSP 파일을 번역해 줄 수 있는 Servlet 엔진이 필요하다. 이를 위해서, 윈도우즈 용 JDK를 아래 사이트에 접속하여 다운로드 한다.

그림 61 자바 개발 키트의 다운로드
(http://www.oracle.com/technetwork/java/index.html)

또 서블릿 엔진은 아래의 사이트에서 다운로드 받는다. 아파치 프로젝트의 속하여 jakarta-tomcat.exe를 다운로드 받는다.

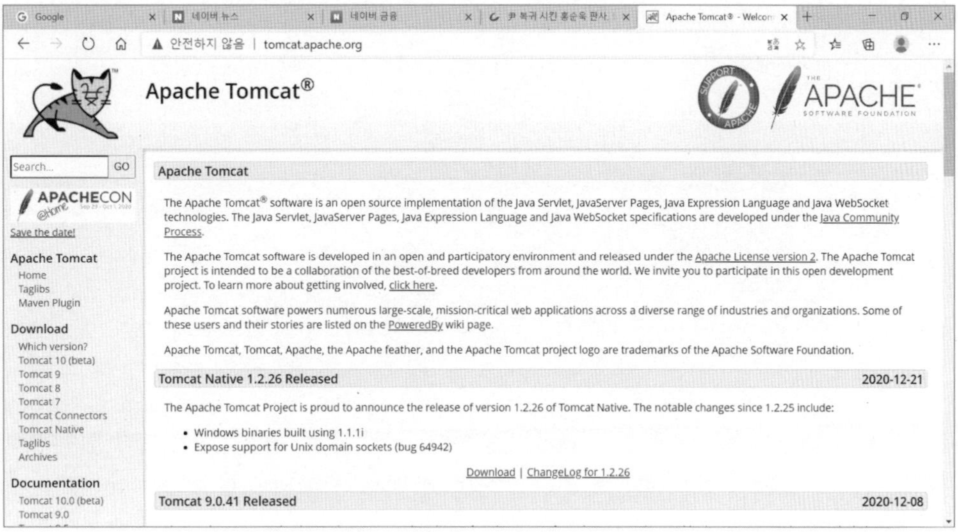

그림 62 http://tomcat.apache.org/

J2sdk 를 먼저 설치하겠다. 위에서 다운로드 받은 j2sdk-windows-i586.exe를 실행 하고 설치한다 설치시에 특별한 사항이 없기 때문에 설치과정에 대한 설명은 없다. 설치가 다 되었다면 java 프로그래밍 환경설정을 해야 한다. 클래스 패스와 패스 경로를 설정해야 한다. 참고로 설치 기준은 윈도우 환경이다. 내 컴퓨터 → 등록정보 → 고급 → 환경변수를 선택 한다. 아래와 같은 화면이 나타난다.

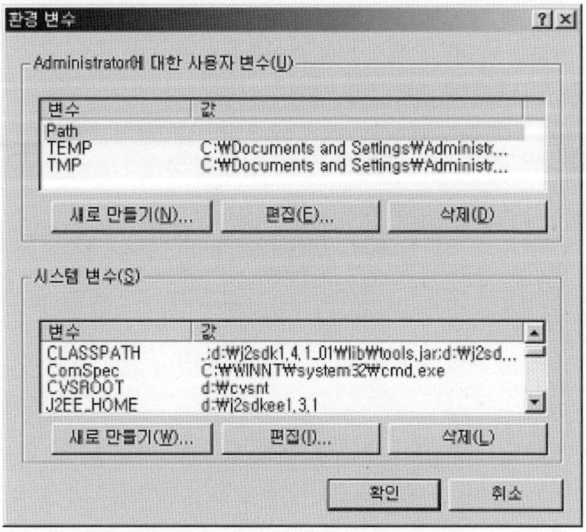

그림 63 환경변수 설정 다이얼로그

제일 먼저 해야 할 설정은 CLASSPATH 설정이다. 시스템 변수 쪽의 새로 만들기를 누르고 그림과 같이 입력한다.

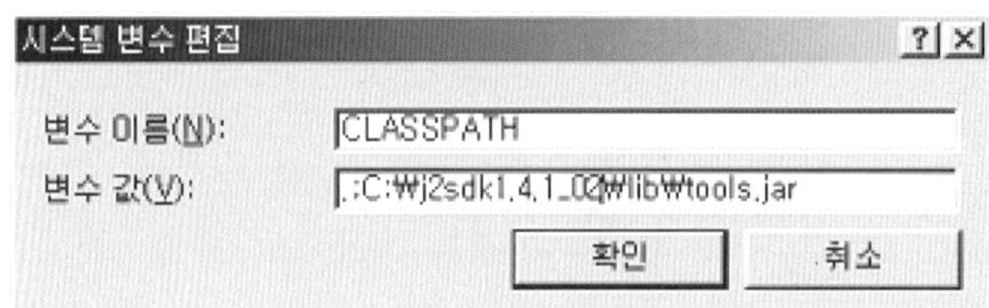

위와 같이 입력하고 확인 버튼을 누른다. 주의하여야 할 것은 제일 앞에 .; 이 있어야 한다. DOT(.) 는 현재 디렉터리를 말하는 것이기 때문에 반드시 적어줘야 한다. 만약 이 부분이 생략되게 되면 현재 디렉터리 내의 다른 클래스를 참조하지 못하게 된다. 이제 다음과 같이 JAVA_HOME 을 등록해 준다.

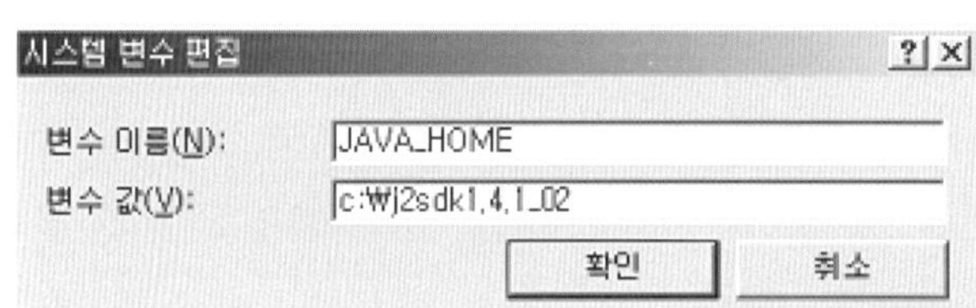

그림 64 환경변수 편집 (JAVA_HOME 변수)

아래와 같이 PATH 설정을 해야 한다.

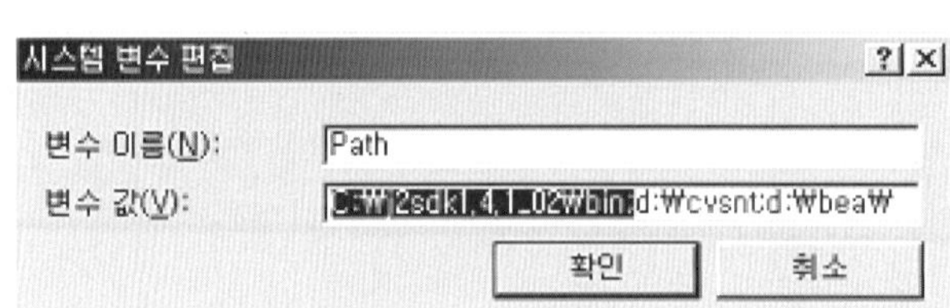

그림 65 환경변수 편집 (Path 변수)

색깔이 반전되어 있는 부분처럼 제일 앞부분에 적어준다. 이상 없이 잘 되었다면 확인버튼을 눌러서 환경을 저장하자. 시작 → 실행에서 CMD 라고 입력을 하고 JAVA 환경이 제대로 등록되었는지 체크해 보자. 아래의 그림과 같이 입력해 보자.

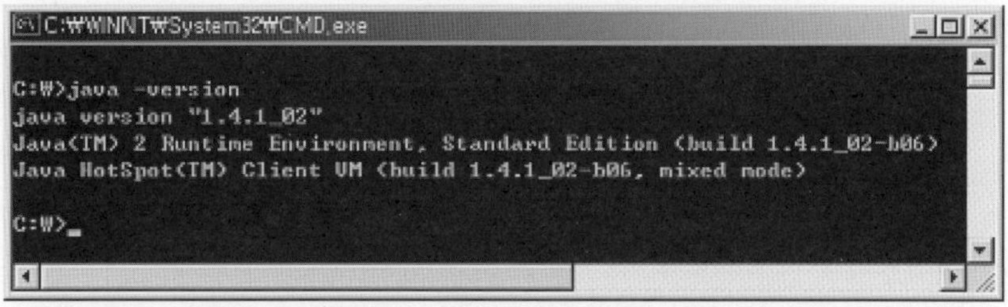

그림 66 환경변수 설정이 정상적으로 되었는지 체크하기 위한 java -version 명령 수행

아래의 그림과 같이 입력하여 Java 컴파일러가 제대로 돌아가는지 체크해 보자

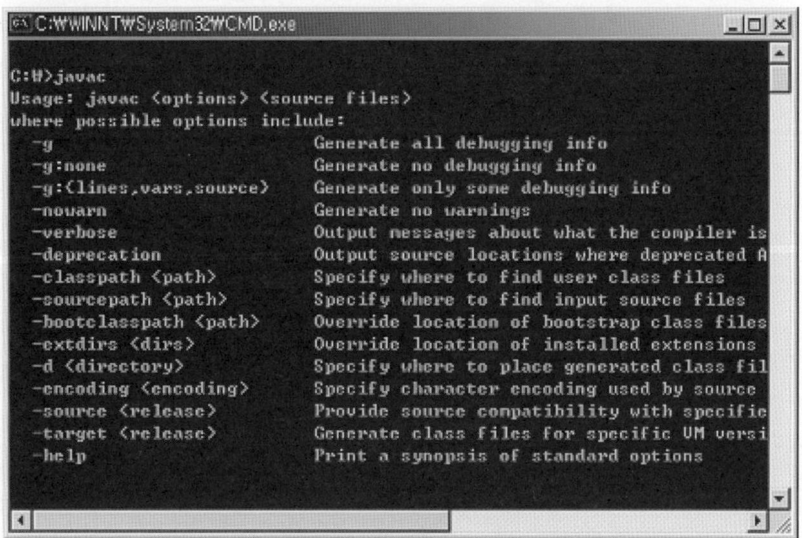

그림 67 정상적으로 환경변수 설정이 되었을 경우 javac 실행화면

위와 같이 잘 되었다면 JSP 엔진인 Tomcat을 설치해야 한다.

아까 다운로드 받은 tomcat을 설치한다. 실행하면 아래와 같은 그림이 나오게 된다.

그림 68 Apache Tomcat 설치시 JDK 설치여부 체크 다이얼로그

확인 버튼을 누르면 아래와 같은 그림이 나타난다.

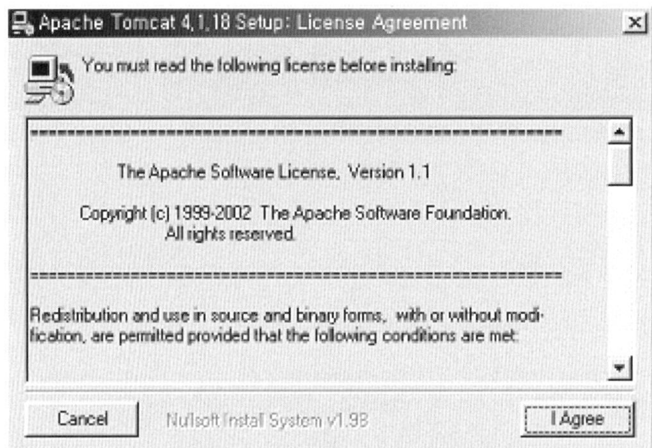

그림 69 Apache Tomcat 설치 초기화면

"I Agree"를 누르게 되면 아래와 같은 화면이 나오게 된다. 설치 유형은 아래와 같이 Full을 선택한다.

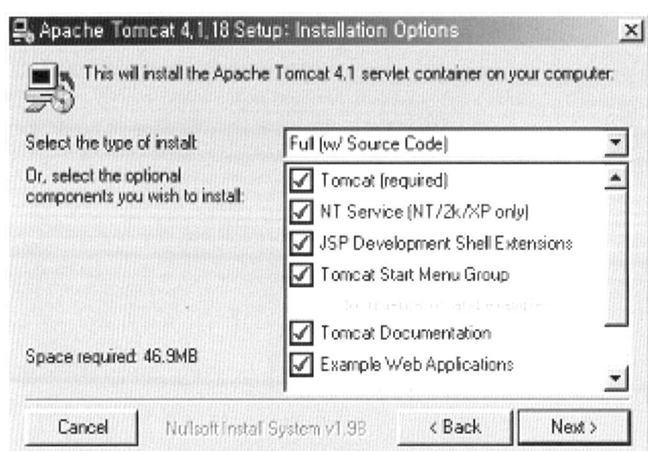

그림 70 Apache Tomcat 설치 유형 선택화면

Next를 누르면 아래와 같은 그림이 나오는데 톰캣이 설치될 경로는 c:\tomcat으로 지정해 준다.

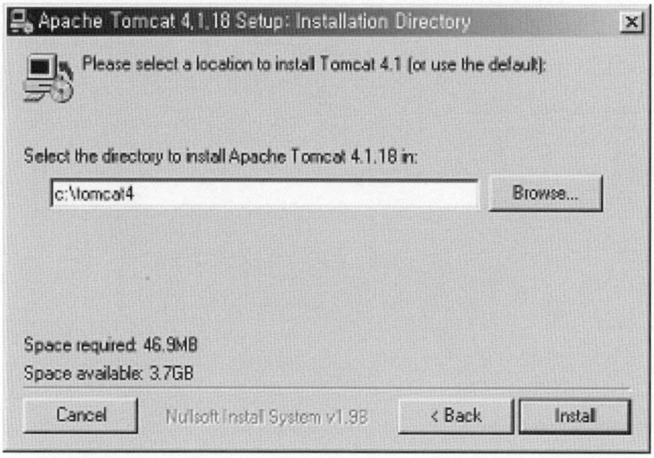

그림 71 Apache Tomcat 설치 디렉토리 설정 화면

Install을 누르게 되면 아래와 같은 그림이 나오면서 설치를 진행하게 된다.

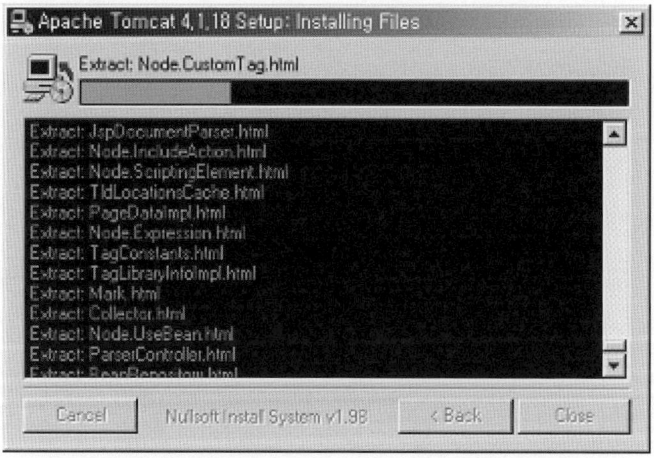

그림 72 Apache Tomcat 설치 진행 화면

설치가 되다 보면 아래와 같은 화면이 나오게 되는데 아래의 화면은 Tomcat을 관리 할 수 있는 admin 환경에 대한 아이디와 패스워드 설정 부분이다. 패스워드는 자신이 선호하는 것으로 정한다.

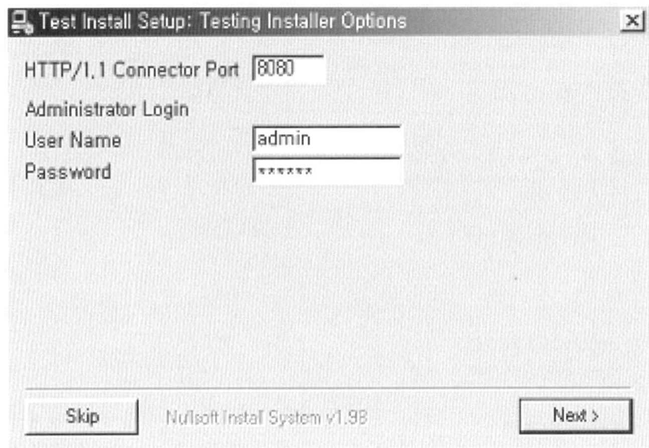

그림 73 Apache Tomcat 설치시 포트 및 ID/패스워드 설정 화면

Next를 누르게 되면 톰캣 서비스를 실행 하게 되고 아래와 같은 화면이 나오게 된다.

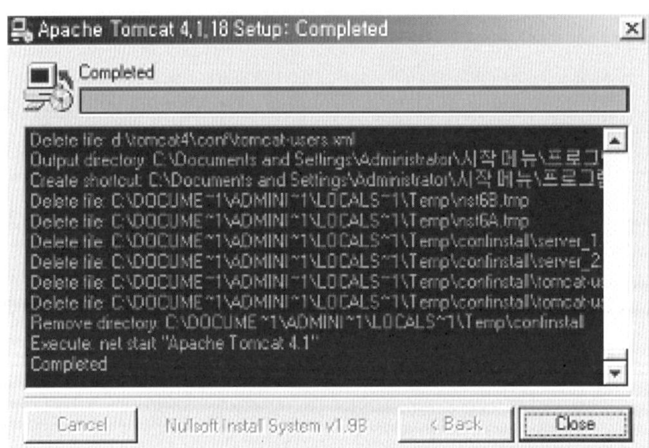

그림 74 Apache Tomcat 설치 완료 화면

"close"를 누르게 되면 설치가 완료된다. 웹 브라우저를 열고 주소창에 http://127.0.0.1:8080 이라고 입력하면 아래와 같은 화면이 나오게 된다.

그림 75 Apache Tomcat 정상 실행시 웹프라우저를 통한 접속 초기 화면

이로서 JSP 프로그래밍을 위한 서블릿 엔진인 Tomcat의 설치가 완료 되었다. 웹 프로그램은 웹 서버 환경 하에서 작동해야 하기 때문에 항상 서블릿 엔진이 메모리에 적재 되어 있어야 한다. Windows에서 톰캣의 서비스를 이용하는 방법은 두 가지가 있다. 하나는 Service를 이용하는 것이고, 하나는 Tomcat StandAlone 서비스를 이용하는 것이다. 먼저 NT Service를 이용하여 톰캣의 데몬(프로세스로 봐야한다)를 가동시키는 것을 알아보겠다.

시작 → 프로그램 → 관리도구 → 서비스 항목을 선택하면 아래와 같은 화면이 나오게 된다.

그림 76 Apache Tomcat 프로그램을 서비스로 등록시 화면

두 번째 나온 이름을 보면 Apache Tomcat이라는 이름이 보이는데, 이 이름이 Service에 등록된 Tomcat Service의 이름이다. 우측의 상태, 시작 유형을 보게 되면 상태는 시작됨으로 표시 되어있고 시작 유형은 자동으로 되어있는 것을 볼 수 있다. 이것은 Windows가 시작될 때 해당 서비스를 자동으로 시작하겠다는 이야기 이다. 우리는 Service를 이용하지 않고 사용할 것이기 때문에 시작 유형은 수동으로 설정하고 Tomcat Standalone으로 사용

할 것이다. Apache Tomcat 메뉴를 더블클릭하고 시작 유형을 수동으로 바꿔준다. 또 서비스 상태를 중지 상태로 만들어 준다.

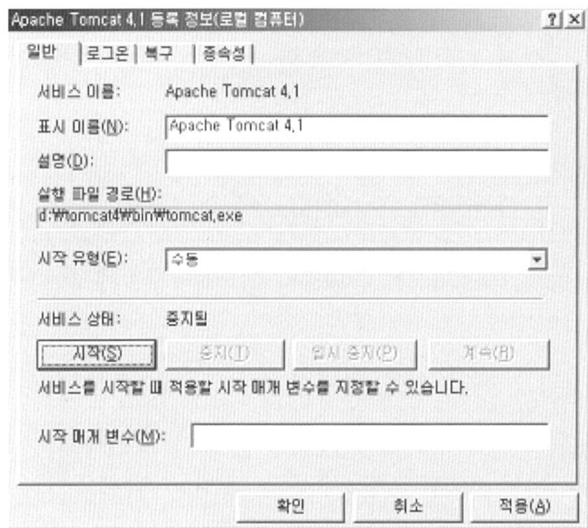

그림 77 Apache Tomcat을 시스템 부팅시 자동으로
시작하거나 수동으로 시작하도록 설정하는 화면

이제 톰캣 데몬을 메뉴에서 시작해야 하는데 명령창에서 직접 입력하여 실행 하는 방법과 메뉴에 등록된 항목을 선택하여 시작하는 방법이 있다. 시작 → 프로그램 → Apache Tomcat x.x → Start Tomcat 메뉴를 선택하면 다음 그림과 같은 화면이 나온다

그림 78 Apache Tomcat 구동시 로그 출력화면

위와 같은 그림이 나오게 되면 정상적으로 톰캣이 작동하는 것이다. 또한 명령창에서 실행하는 방법은 아래와 같다. 시작 → 실행을 선택하고 CMD 라고 입력하면 커맨드 창이 뜨게 되는데 톰캣의 설치 경로의 bin 디렉토리에서 startup.bat 파일을 실행하게 되면 위의 그림과 같은 창이 뜨게 된다. 참고로 Apache 웹 서버와 연동하여 사용하는 방법이 있으나 현재로서는 JSP의 이해가 우선이기 때문에 Apache 웹 서버와 Tomcat의 연동방법은 하지 않겠다.

2. 테스트 예제 코드

기본적인 자바기반 웹 애플리케이션 서버 구축을 위한 여러가지 개발툴과 프로그램을 설치하였다. 설치가 올바르게 되었는지 확인해보는 의미와 더불어서 기본적인 JSP 응용 프로그램의 동작을 실험해보기 위해 간단한 HelloWorld 프로그램을 실행해 보도록 하자. 그림 79에서 작성한 JSP 파일은 HTML과 JSP의 내장 코드로 구성되는데, 자바 프로그래밍 문법을 사용하여 "Hello World" 문자열을 4번 반복하여 출력하는 웹 애플리케이션이다.

```
<html>
<head>
        <title>   Hello World Example </title>
</head>
<body>
<%
        for   (int i = 1; i < 5; i++)
{
%>
        <h   <%=i%>>Hello World </h<%=i%>>
<%
        }
%>
</body>
</html>
```

그림 79 HelloWorld 문자열 출력 예제

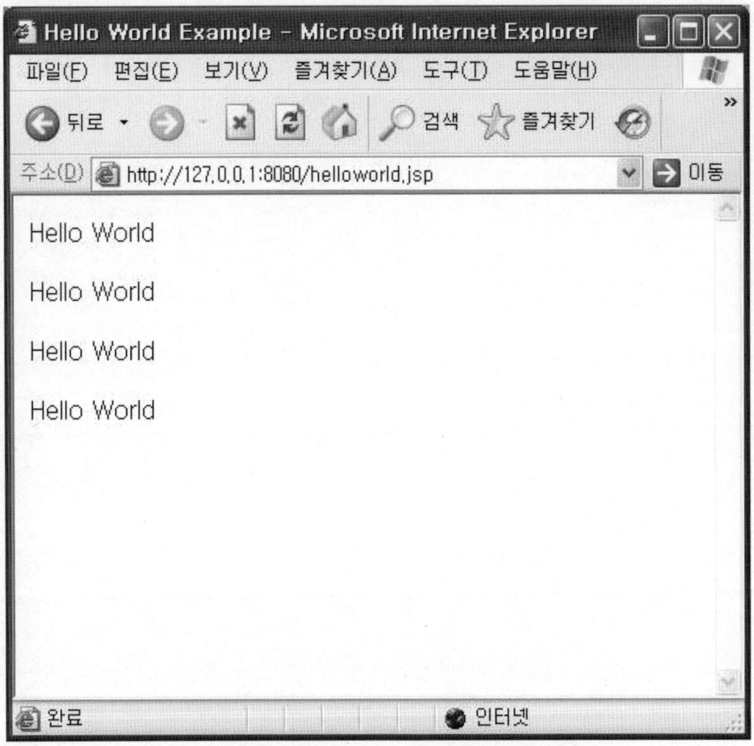

그림 80 HelloWorld 예제 실행 결과

6부

JSP 기본요소 (elements)

학습목표

- JSP 기본요소(element)의 개념을 이해한다.

본장은 JSP에 대해 소개한다. 앞서 HTML에 대한 학습을 통해 기본적인 웹 프로그래밍의 세계로 입문한 독자들을 대상으로 JSP 프로그래밍 언어를 통해 고급 웹 프로그래머의 길로 발돋움할 수 있도록 안내한다. 즉, JSP 안내하는 것이다. 향후 큰 어려움 없이 MVC Framework까지 학습할 수 있도록 JSP 스크립트의 주요 개념을 정리하도록 하겠다.

1. JSP의 기초 구성

JSP는 총 3가지 요소로 기본 코드가 구성된다.

① 디렉티브 : JSP의 페이지에 대한 정보를 표시해줍니다.
② 스크립트요소 : HTML 문서를 생성하는데 필요한 데이터를 생성 및 출력하는데 사용되며 Java의 문법을 이곳에서 사용합니다.
③ 텍스트 : 일반 HTML 문서가 삽입됩니다.

1.1 지시자(directive element)

지시자(directive)는 JSP 컨테이너에게 JSP 페이지에 대한 정보를 제공하는 요소이다. 세가지 지시자가 이용가능한데 page, include 그리고 taglib가 그것이다. 어떤 한 JSP 페이지는 여러 개의 page와 include 지시자를 포함할 수 있다. 지시자는 해당 페이지에 대한 전체적인 정보를 담기 위해 사용된다. 언어(language), 임포트(import statement) 등 다양한 옵션을 지정할 수 있다.

페이지(page) 지시자

Page 지시자는 페이지 속성을 기술할 때 사용된다. JSP 지시자는 JSP 페이지에서 JSP 컨테이너에게 해당 페이지를 어떻게 처리할 것인가에 대한 페이지 정보를 알려주는데 사용된다. 페이지 지시자의 JSP 스타일 형태는 다음과 같이 "〈%" 표현에 뒤이어 "@"문자를 사용한다.

```
<%@ page 속성 %>
```

이 때, "<%@" 부분과 "page" 키워드 사이에 따라오는 공백은 반드시 필요한 것은 아니지만, 가독성(readability)을 향상하기 위해서 관례적으로 사용한다. 따라서, 이책의 독자들도 위와 같이 사용하기를 추천한다. 추가적으로 위의 page 지시자를 XML 스타일로 사용할 수도 있다.

```
<jsp:directive.page 속성 />
```

HTML 속성을 기술할 때 사용하는 형태와 유사하게 JSP에서 속성을 설정할 때에도 "이름/값"의 형태로 등호(equal)부호를 중간에 두는 형태로 기술한다. 아래 테이블은 가장 많이 활용되는 page 지시자의 속성 이름과 그 의미에 대해서 기술하였다.

표 3 지시자의 속성과 그 의미

속성	뜻
import	특정한 자바 패키지를 해당 JSP 페이지로 임포트시킬 때 사용한다. 일반적으로 Java 프로그래밍에서 사용하는 방식과 마찬가지로, 사용하고자 하는 기능을 지원하는 자바 패키지의 특정 클래스를 임포트하거나 패키지 전체를 임포트할 수 있다. 또한, 여러 개의 패키지 구문을 콤마(comma)를 사용하여 한 개 구문에 통합할 수 있다. 예를들면, import="java.io.*, java.util.*"과 같이 사용하면 된다.
session	해당 페이지가 세션에 참가하는지의 여부를 결정한다. 세션(session) 지시자의 올바른 속성값은 참(true)/거짓(false)으로 기술된다. 만약, 세션 값이 참(true)인 경우, 해당 페이지가 세션에 참가한다. 거짓(false)인 경우, 해당 페이지는 어떠한 세션 정보에도 접근할 수 없다.
isThreadSafe	컨테이너가 요청을 동시다발적으로 페이지에 전달할 수 있는지에 대한 속성이다. isThreadSafe에 대한 올바른 속성값은 참/거짓의 boolean 타입이며, 기본값은 참(true)이다. 참인 경우 컨테이너는 특정 JSP 페이지에 대해서 동시에 여러 개의 요청이 들어오는 경우, 이전 요청에 대한 처리가 아직 끝나지 않았다 하더라도 새로운 쓰레드에 해당 요청을 전달한다. isThreadSafe 속성을 거짓을 설정한 경우, 컨테이너는 한번에 하나씩 요청을 전달한다. 즉, 요청이 들어온 순서대로 저장(queing)했다가 순차적으로 처리한다. 따라서, JSP 페이지 개발자는 공유 자원에 대한 접근을 쓰레드 사이에 적절하게 동기화할 수 있도록 작성해야 한다. 정리하면, isThreadSafe 속성을 참으로 설정하여 JSP를 작성하고 이를 운용하는 것이 동시에 여러 요청을 처리할 수 있게 되므로, 보다 웹 서버 성능을 향상할 수 있는 방안이라 할 수 있다.
Info	해당 페이지를 설명하는 임의의 문자열을 입력하면 된다. 일반적으로 웹사이트 규모가 커지게 되면 JSP 페이지의 개수가 늘어나게 되는데, 이 때 향후 유지보수를 용이하게 하기 위해서 페이지의 작성 목적, 이름 등을 기술하는 데 이 속성을 사용한다.

속성	뜻
errorPage	페이지 내에서 에러가 발생했을 때 사용자 웹 브라우저에 보여줄 웹 페이지의 URL을 적는다. 상용 웹 사이트의 경우는 일반적으로 페이지 처리중에 에러가 발생하더라도 톰캣 등의 웹 서버에서 기본적으로 제공하는 에러페이지를 보여주기를 꺼려한다. 시스템의 보안 측면에서도 좋지 않고, 무엇보다 좀 더 프로페셔널한 웹 사이트가 되기 위해서는 에러발생시 특별히 준비해둔 화면을 통해 사용자로 하여금 유연하게 대처할 수 있도록 하는 것이 중요하다.
isErrorPage	현재 페이지가 에러 페이지인지 기술한다. 디폴트 값은 false이다.
contentType	현재 페이지의 컨텐트 종류를 정의한다. 컨텐트 종류 속성은 단순한 타입 스펙으로 표시하거나, 타입 스펙과 문자열 세트의 조합된 형태로 표기할 수 있다. JSP 스타일 JSP 태그를 위한 기본 값은 text/html이며, XML 스타일 JSP 태그는 text/xml 이다. 문자열 세트 설정을 함께 표현하기 위해서는 다음과 같은 형식으로 사용하면 된다. contentType="text/html;charset=char_set_identifier" 원하는 경우 세미콜론 다음에 공백문자를 삽입할 수 있으며, 문자열 세트는 JSP 코드내에 쓰여진 문자를 어떻게 엔코딩(encoding)하는가를 지시한다. 문자열 세트와 엔코딩에 관해서는 사이트에서 정보를 얻을 수 있다.
pageEncoding	현재 페이지의 문자열 세트를 기술한다. JSP 스타일을 위한 기본값은 ISO-8859-1(라틴 스크립트)이며, XML 스타일 페이지를 위한 기본값은 UTF-8(8비트 유니코드 엔코딩)이다.
language	페이지의 모든 스크립트 요소(scripting elements)에서 사용될 스크립트 언어(scripting language)를 지정한다. 모든 JSP 컨테이너들은 스크립트 언어로 Java를 지원하도록 요구된다.

임포트 속성은 명시적으로 클래스 패키지(class package) 이름을 지정하지 않고도 JSP 페이지에서 참조되는 Java 클래스의 셋을 확장할 수 있도록 한다. 예를들어, 상속 속성에서는 javax.servlet.jsp.HttpJspPage등과 같이 package이름을 완전한 패키지 경로명과 함께 명시적으로 지정해야 한다.

```
<%@ page import="java.util.List" %>
<%@ page import="java.util.*" %>
<%@ page import="java.util.List, java.util.ArrayList, java.text.*" %>
<%@ page import="java.util.List, java.awt.List" %>
<%@ page import="java.util.*, java.awt.*" %>
<%@ page import="java.util.*, java.awt.List" %>
```

기본적으로 java.lang, javax.servlet, javax.servlet.http, and javax.servlet.jsp가 자동적

으로 임포트(import)된다.

컨텐트 종류(contentType) 속성은 JSP 페이지에 의해 생성되는 응답의 MIME (Multipurpose Internet Mail Extensions) 타입을 지정한다. 예를들어, 출력 문서 형식을 XML 포맷으로 하거나, HTML 문서 중에서 ISO-8859-1의 문자셋을 사용하고자 한다면 다음과 같이 문서 종류(contentType) 속성을 설정하면 된다.

```
〈%@ page contentType="text/xml" %〉
〈%@ page contentType="text/html"; charset=ISO-8859-1" %〉
```

Extends attribute는 JSP 페이지가 자바 서블릿(Java servlet)으로 번역될 때, JSP 컨테이너에 의해서 사용되어지는 수퍼클래스(superclass)를 식별하도록 하는 속성이다.

```
〈%@ page extends="com.taglib.wdjsp.myJspPage" %〉
```

JSP 페이지에서 세션 관리를 할 것인지를 결정한다. 참(true)와 거짓(false)값으로 지정하며, 디폴트 값은 참(true)이다. 일단 세션 설정이 된 이후에는 그 다음에 호출되는 모든 페이지들이 세션(session)으로 관리된다. 따라서, 세션을 명시적으로 거짓(false)으로 세팅하게 되면 약간의 성능향상을 가져올 수 있다.

```
〈%@ page session="false" %〉
```

버퍼 속성은 JSP 페이지에 대한 버퍼링 출력(buffered output)의 사용을 결정한다. 모든 JSP 구문이 HTTP 응답으로 곧바로 출력할 수 있으려면 이 속성을 사용안함(none)으로 세팅해야 한다.

```
〈%@ page buffer="none" %〉
```

또한, 아래와 같이 페이지 버퍼 크기 설정을 하면 원하는 크기의 출력 버퍼(output buffer)를 킬로바이트(kilobyte) 단위로 지정할 수 있다.

```
〈%@ page buffer="12kb" %〉
```

자동 내림 속성을 이용하면 해당 웹서버의 출력 버퍼를 제어할 수 있다. 특히 이 속성은 페이지의 출력버퍼가 가득찼을때 JSP 컨테이너의 버퍼관리 스킴을 지정한다. 이 속성이 참(true)으로 설정되는 경우 출력 버퍼가 자동으로 플러시(flush)되고 현재 컨텐츠가 웹서버에 전송된다. 이 속성의 사용법은 다음과 같으며, 기본값은 참(true)다.

```
<%@ page autoFlush="true" %>
```

다음은 지금까지 논의한 다양한 지시자 옵션들 중에서 import, language, session, buffer, autoFlush, isThreadSafe, info, isErrorPage, errorPage 속성의 사용예를 보여준다.

```
<%@ page contentType = "text/html;charset=euc-kr"
         import="java.util.*"
         language="java"
         session="true"
         buffer="8kb"
         autoFlush="true"
         isThreadSafe="true"
         info="Copyright  © Min Choi, All Rights Reserved"
         isErrorPage="false"
         errorPage="error.jsp"
%>
<html>
<head>
<title> 지시자 옵션 테스트 </title>
</head>
<body>
</body>
</html>
```

그림 81 지시자 옵션 사용 예제

위 코드를 실행한 화면은 다음과 같다. 앞에서 살펴보았던 Hello World 예제와 비교할 때, 화면상에서 크게 눈에 띄는 차이점은 없다. 하지만, 내부적으로 자동내림(autoFlush) 및 세션, 에러발생시 나타나는 페이지 등을 설정하는 것을 비롯하여, 버퍼 크기와 자바 import 구문 등으로 다양한 지시옵션을 사용하는 것을 볼 수 있다. 또한, 한글 문자열을 출력하는데 문제가 없도록 contentType 옵션에서 "text/html;charset=euc-kr"로 지정하였다. 이 부분이 없다면 한글을 출력하는데 문제가 생긴다.

페이지 지시자 속성은 다음과 같이 둘 이상의 스크립트 시작 괄호 “〈%” 와 “%〉”로 나누어 사용해도 동일한 효과를 지닌다. 따라서, 아래와 같이 페이지의 상단에서는 꼭 필요한 속성들만 설정하고 다른 일부 속성들은 차후에 설정할 수 있다.

```
〈%@ page
contentType=“text/html;charset=euc-kr”
import=“javax.sql.*, java.util.*”
errorPage=“error.jsp”
%〉
〈%@ page import=“java.util.*” %〉
```

포함(include) 지시자는 현재 페이지 내에서 다른 페이지의 내용을 포함하고자할 때 사용된다. 일반적으로 여러 JSP 페이지에서 공통적으로 사용되는 내용은 독립적인 파일로 저장한 후 필요한 페이지에서 간단히 포함시켜 사용할 수 있다. 포함 지시자는 다음과 같은 형태로 사용한다.

```
〈%@ include 속성 %〉
```

또한, XML 스타일로는 아래와 같이 사용한다.

```
〈jsp:directive.include 속성 /〉
```

위의 XML 스타일 지시자 끝부분에서 속성 다음에 따라오는 “/〉” 부분은 한줄 지시자를 위한 용도이다. 원래, XML 문법에서는 특정한 태그의 시작과 끝을 나타내는 문법을 제공하는 데 예를들면 다음과 같다.

```
〈jsp:directive.include 속성〉
〈/jsp:directive.include〉
```

하지만, include 속성을 설정하는 것과 같이 간단하게 기술되는 태그의 경우는 한줄에 모든 내용을 마무리할 수 있으므로 간편하게 한줄 표시 문법으로 끝부분에 슬래쉬(/)를 넣어 사용한다.

포함 지시자는 여러 JSP 페이지에서 사용되는 공통적인 내용을 별도의 파일로 저장한 후 이를 필요로 하는 페이지에서 간단히 이 페이지를 include 하는 방법으로 개발할 수 있도록 한다. 이러한 방법은 웹사이트 구축에 있어 반드시 필요하다. 만약, 공통적으로 사용되는 내용을 매번 해당 페이지에 작성한 경우, 향후 변동사항이 발생하면 해당 내용이 기술되어 있는 모든 페이지를 따라가며 수정해야 하기 때문이다. 즉, include 태그를 적절하게 활용하는 것은 JSP 페이지를 재사용할 수 있으며, 유지보수 부담을 줄인다. 다음 예제는 include 태그를 사용하여 content.jsp 파일을 불러들여 화면에 표시한다.

```
<%@ page    contentType="text/html;charset=euc-kr" %>
<HTML>
<HEAD><TITLE>   </TITLE></HEAD>
<BODY>
<H2> include test </H2>
<HR>
<%@ include file="content.jsp"    %>
</BODY>
</HTML>
```

포함 지시자 사용 예제 : top.jsp

```
<%@ page    contentType="text/html;charset=euc-kr" %>
<HTML>
<HEAD><TITLE>   </TITLE></HEAD>
<BODY>
<H2> Content </H2>
이 부분은 content.jsp 파일 내에 쓰여진 내용입니다.
</BODY>
</HTML>
```

포함 지시자 사용 예제 : content.jsp

실제로 include 태그는 웹 페이지의 상단에 위치하는 사이트 제목과 메인 메뉴, 그리고 하단에 위치하는 회사 소개 및 안내문 등을 표시하는데 주로 사용된다. 이러한 페이지들은 한 웹 사이트의 거의 모든 페이지에서 공통적으로 사용되는 페이지이므로 여러페이지에 이들을 각각 코딩하지 않고 한번 작성된 페이지를 다른 JSP페이지에서 불러오는 형태로 사용한다.

2. 자바 서버 페이지(JSP)의 기본

본 장에서는 JSP 페이지가 어떠한 내용을 포함하고 있으며, 어떻게 동작하는지 살펴보도록 한다. JSP 페이지는 HTML과 Java 코드로 구성된 자바 웹 애플리케이션에 해당한다. 그렇다면, 웹프로그래밍 분야에서 예전부터 널리 사용되던 자바스크립트와 자바 서버 페이지(JSP)와의 차이점이 무엇인가에 대해 의문을 가질 수 있다. 자바스크립트는 클라이언트 측(사용자의 웹 브라우저)에서 실행되는 반면, JSP는 서버측 스크립트로서 서버에서 컴파일되고 실행되어 사용자에게 결과를 보내준다. 또한, 자바스크립트는 HTML 페이지에 내포되어 해당 페이지의 특정 부분에 대해서만 관여를 하고 프로그램을 실행한다. 하지만, JSP는 웹 애플리케이션 전체에 대해서 데이터를 관리할 수 있으며, 서버측 자원에 해당하는 데이터베이스, 디렉토리, 그리고 다른 애플리케이션 컴포넌트에 대해서도 접근하고 관리할 수 있다.

JSP 홈페이지(http://java.sun.com/products/jsp/)에서는 JSP에 대해서 다음과 같이 언급하고 있다. ""오늘날 많은 웹 개발자 및 설계자들이 동적인 웹페이지를 만들고 그들의 비즈니스를 확장하기 위해 손쉽고 빠른 사이트 구축이 가능한 자바 서버 페이지를 많이 사용한다"". 이처럼, JSP는 빠르고 손쉬운 개발 및 유지보수가 가능한데 그 이유는 JSP 웹 애플리케이션이 HTML과 XML에 기반하고 있기 때문이다. HTML과 같은 마크업 언어(markup language)는 이해하기 쉽고, 또한 HTML이나 XML을 다루기 위한 다양한 자동화 도구(tool)를 제공한다. JSP 페이지는 자바 프로그램에 기반하기 때문에 동적으로 변하는 데이터를 매우 훌륭하게 처리할 수 있다. 모든 자바의 프로그램 능력이 JSP 페이지 상에서 발휘될 수 있다. JSP 페이지는 JSP 컨테이너 내부에서 실행되며, 컨테이너는 웹 서버 소프트웨어의 일부분이다. JSP 컨테이너는 JSP 페이지 및 관련 컴포넌트들을 동적으로 로드하고 관리하는 소프트웨어 플랫폼을 의미한다. 이러한 컨테이너는 웹 서버와 별도로 실행될 수도 있으며, 앞서 여러분이 구축한 톰캣 서버는 웹 서버와 JSP 컨테이너가 통합된 버전에 해당한다.

이제부터는 JSP 개발 프로세스에 대해서 간략하게 알아보도록 한다. JSP 페이지는 생성, 적용(deployment), 번역(컴파일) 개발 프로세스는 다음과 같다. 개발자는 JSP 소스파일에

HTML과 임베디드 자바 코드를 이용하여 코딩한다. 이렇게 개발된 JSP 소스코드는 서버로 적용(deploy)시킨다. 그 후 JSP 컨테이너는 사용자로부터 해당 페이지에 대한 요청이 들어왔을 때, 이를 실행함으로써 사용자의 요청에 응답한다(그림 82). 이 때, JSP 파일로부터 생성된 class 파일을 JSP 페이지 구현(implementation) 클래스라 한다.

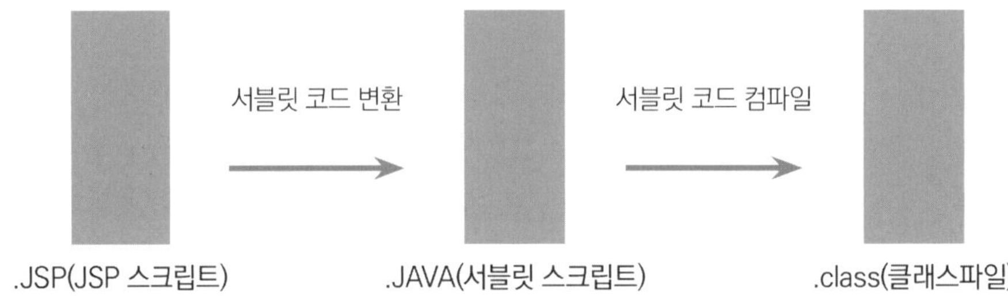

그림 82 JSP 파일의 변환 및 적용 과정

한 JSP 소스 파일은 JSP 페이지 구현 클래스로 컴파일된다. 서버가 이에 대한 요청을 받으면 컨테이너로 해당 요청을 전달하고, 컨테이너는 다시 이를 처리하기에 적절한 JSP 페이지를 호출한다. 이 과정에서 스트럿츠 프레임워크는 개발자로 하여금 모델과 뷰 그리고 제어흐름을 분리하여 작업할 수 있도록 한다. JSP 페이지에서 요청을 처리하고 생성된 HTML 데이터는 다시 웹서버를 통해 요청된 브라우저로 보내진다.

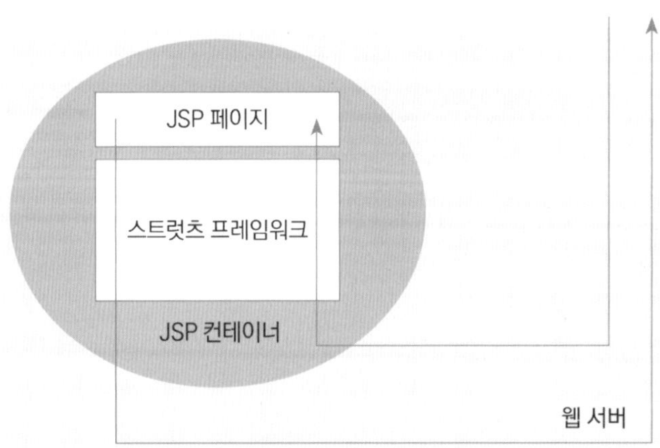

그림 83 JSP 요청이 발생했을 때 이를 처리하는 과정.

서버에 적용되어 적재되는 JSP 소스코드는 자바 코드를 포함하고 있기 때문에, 실행에 앞서 반드시 컴파일 되어야 한다. JSP 소스코드의 컴파일 및 변환 과정은 실제로 다양한 시점에 이루어질 수 있다. JSP 소스코드가 서버에 적용된 후 해당 페이지가 처음으로 요청될 때 컴파일 될 수 있다. 또한, 서버에 적용하기 전에 개발자가 미리 모든 소스코드를 컴파일 및 변환하여 서버에 적용할 수 있다. 이러한 방법은 초기에 요청된 페이지를 서버가 자동으로 컴파일하는 과정에서 사용자가 느끼는 지연시간을 감소시키는 장점이 있다.

기본적인 JSP의 생명주기(LifeCycle)

1) 로딩(loading)과 인스턴스화(instantiation)

서버는 JSP 페이지 구현(implementation)을 찾아서 메모리 상에 객체를 생성하고 자바 가상 머신(JVM)으로 읽어들인다. 클래스가 로드된 후에는 JVM은 그 클래스의 인스턴스를 생성한다. 이러한 인스턴스화 과정은 클래스가 로딩된 직후 일어나거나, 해당 페이지에 대한 요청이 들어왔을 때(on-demand)에 발생할 수 있다.

2) 초기화

JSP 페이지 객체가 초기화 된다. 만약, 이러한 초기화 과정임에도 일부 코드를 실행할 필요가 있는 경우라면, 초기화 작업중에 호출되는 메소드를 페이지내에 추가하면 가능하다.

3) 요청 처리(request processing)

하나의 페이지 객체는 해당 페이지에 대한 사용자 요청에 대응한다. 따라서, 하나의 객체 인스턴스는 모든 요청에 대한 응답을 생성한다. 이러한 처리가 끝난 뒤에는 생성된 응답이 사용자의 웹 브라우저로 전달되며, 이러한 응답에는 HTML 태그 뿐만 아니라 임베딩된 자바 코드에 의해 처리된 다양한 동적인 데이터가 포함되어 있다.

4) JSP 객체의 소멸

자바 컨테이너 서버는 JSP 페이지 구현(implementation)으로 요청을 전달한다. 모든 요청에 대한 처리를 마친 후, 해당 객체 인스턴스들은 중단되며 사용하던 자원을 서버에 반납한다. 이러한 경우는 대개 톰캣 서버를 셧다운(shutdown)할 때 발생한다. 그 밖에 자원의 반납이 발생하는 경우는 개발자가 JSP 소스코드를 변경함으로 인해 서버가 이를 발견(detect)하는 경우, 그리고 임의의 다른 이유로 인해서 해당 객체의 인스턴스를 종료해야 하는 경우에 해당한다. 만약, 이와 같이 자동으로 발생하는 자원의 반납에 앞서 코드에서 처리해야 하는 특별한 행위가 있다면, 메소드에 구현하고 이를 객체 인스턴스가 릴리즈되기 직전에 수행하도록 할 수 있다.

3. JSP 요소(elements)

JSP 페이지가 어떠한 내용을 포함하고 있으며, 어떻게 동작하는지 살펴보도록 한다. 아래 예제는 아주 단순한 JSP 코드를 나타낸 것이다.

```
<html>
<body>
<p> Hello, World </p>
</body>
</html>
```

그림 84 간단한 JSP 코드 예제

이 코드는 엄밀하게 말하자면 JSP 코드는 아니다. 왜냐하면, 임베딩(embedding)된 JAVA 코드가 한줄도 없기 때문이다. 하지만, HTML 코드 만으로도 충분히 JSP 파일형태로 저장하고 이를 서버에 적용하여 실행할 수 있으므로, 이러한 형태의 예제도 의미있는 그리고 올바른 JSP 파일이다. 위와 같은 정적(static)인 HTML 소스코드에, 자바 코드를 포함시켜서 표현과 동적 컨텐츠를 분리함으로써 사용자 입력에 따라 결과를 달리할 수 있는 동적(dynamic) 웹 페이지를 만들 수 있다. JSP는 이와 같이 서블릿(servlet)에 기반하여 동적인 웹 페이지를 생성하기 위한 스펙으로, 서버 측 프로세싱(processing)을 통해 생성된다. 하지만, 자바 코드를 페이지 아무 곳에나 작성할 수 있는 것은 아니다. 특정 부분에 해당하는 코드가 자바 코드이며, 어떤 부분이 HTML 소스코드인지에 대해서 컨테이너에게 알려주는 몇 가지 방법이 제공되는데 이를 위해서 JSP 스펙에는 HTML과 유사한 혹은 XML 태크를 사용하여 JSP내에 코드를 내장(embedding)할 수 있다. 이러한 기능은 지시자 요소(directive element), 스크립트 요소(scripting element), 그리고 액션 요소(action element)로 분류된다. JSP의 기본 요소 3가지에 대해서는 다음 장에서 보다 상세히 설명한다.

4. JSP 특징

1) 프리젠테이션과 프로그램 로직의 분리

기존의 웹 사이트 구축방법과는 다르게 사용자에게 보여지는 프리젠테이션(presentation) 부분과 사이트의 비즈니스 로직에 해당하는 프로그램 로직(logic) 부분을 분리하여 제작할 수 있다. 여기서 프리젠테이션은 MVC 모델에서 뷰(view)에 해당하고 프로그램 로직은 컨트롤에 해당한다. 실제로 프리젠테이션은 HTML과 XML을 통해 실현되고, 프로그램 로직은 JSP 태그를 통해 구현된다. 물론, 이와 같은 뷰-컨트롤 모델은 스트럿츠와 같은 MVC 기반의 프레임워크가 등장하기 전까지 매우 획기적인 구조였으나, 현재는 뷰-컨트롤 모델에 추가적으로 모델링을 별도로 분리하여 모델-뷰-컨트롤(MVC) 기반 구조로 진화하였다.

2) JSP 컴포넌트의 재사용

JSP를 활용하면 기존에 EJB로 만들어진 컴포넌트를 서로 다른 웹 애플리케이션에서 그대로 사용 가능하다. EJB실제로 많은 사이트에서 JSP를 이용한 사이트 구축에 있어 공통적으로 사용되는 기능이나 비즈니스 로직 등을 EJB로 구현하고 이를 재활용하는 사례를 흔히 볼 수 있다. 이는 프로그램 로직 개발(컴포넌트 개발)과 웹 페이지 개발을 분리하여 작업을 단순화하고 컴포넌트 재 사용성을 향상하는데 그 목적과 의의가 있다.

3) 자바의 특징 계승

JSP는 자바 언어를 기반으로한 서버측 스크립트이고, 모든 JSP 페이지는 자바 서블릿 코드로 작성되어 컴파일 되므로 JSP 페이지는 자바 기술이 가진 모든 장점(객체지향 프로그래밍, 플랫폼 독립성, JDBC의 상용 등)을 수용할 수 있다. 따라서, 초창기 JSP 개념이 처음 기존 웹 애플리케이션 개발 분야에 등장했을 때, 가히 혁명적인 기술이라 받아들여 졌다. 왜냐하면, 당시 웹 사이트 구축기술은 자바스크립트를 비롯한 클라이언트측 스크립트 기술과 초보적인 서버측 스크립트 기술이 대부분을 차지했었고, 또한 소스코드를 컴파일해서 서버에 적용함으로써 빠른 속도와 안정성을 동시에 제공하는 기법도 JSP에서 처음 시도된 개념이었기 때문이다.

4) 손쉬운 페이지의 작성 방법

JSP 컨테이너는 적용된 웹 애플리케이션을 수행시 코드의 변경 유무를 판단해 자동으로 컴파일하여 실행하므로, JSP의 전신인 서블릿의 경우처럼 매번 서블릿 코드를 작성하고 다시 이것을 컴파일하는 번거로움이 없다.

5. JSP와 다른 서버측 스크립트 언어와의 비교

1) ASP와의 비교

ASP와 JSP 모두 서버측(server-side) 스크립트 언어라는 점에서 공통적이다. 비즈니스 로직으로과 표현(presentation)을 분리할 수 있다. ASP는 마이크로소프트사에서 윈도우 플랫폼에서 사용할 수 있도록 제공하는 웹 사이트 구축 기술인데 반해, JSP는 Java진영에서 이에 맞서기 위해 내놓은 플랫폼 독립적인 웹 사이트 구축 기술이다. 즉, ASP는마이크로소프트의 윈도우 플랫폼 상에서만 동작하는 스크립트(비주얼 베이직 스크립트와 같은) 이며, 대부분의 경우에 매번 줄단위(line by line) 인터프리팅되어 실행된다. 반면, JSP는 자바 기술(Java Technology)에 기반을 두고 있어 플랫폼 독립적이며, 컴파일된 코드를 사용하여 사용자 요청을 처리하므로 빠른 처리성능을 제공한다.

2) JSP와 PHP의 비교

두가지 언어 모두 공통적으로 동적 웹사이트 개발 목적으로 사용하기에 편리한 언어들이다. 개발과정에서 추가적으로 필요한 툴 지원(tool support)이 훌륭하게 제공되며, 개발자간 커뮤니티가 활성화 되어 있어서 궁금한 부분에 대해서는 거의 실시간으로 답변을 받을 수 있다. 하지만, PHP 보다 JSP 계열이 속도 및 안정성에서 우위를 점하게 되면서 시스템 통합(system integration)이나 전문적인 웹 사이트 구축 업체의 경우 대부분 JSP를 사용하고 있다. 특히, 은행권이나 쇼핑몰 사이트와 같은 경우 시스템 보안과 성능을 최우선으로 하는데 현재 구축되는 거의 모든 쇼핑몰이나 은행권 사이트에서 JSP를 사용하는 것으로 나타나고 있다.

3) 서블릿과 JSP의 비교

JSP의 전신인 서블릿과 JSP를 비교하는 경우, JSP가 서블릿에 비해서 훨씬 개발자의 수고를 덜어주는 기술이라 할 수 있다. 특히, JSP는 HTML 페이지를 생성하기에 훨씬 편리하고, 일반적인 웹 에디터를 사용할 수 있는 장점이 있다. 실제로, 서블릿에서 HTML 페이지를 생성하여 사용자 웹 브라우저에 보여주기 위해서는 출력 스트림(output stream)을열고 HTML의 매 라인마다 write 메소드를 호출하여 스트림에 써주어야 했지만, JSP에서는 HTML 페이지의 경우도 JSP 소스 코드처럼 손쉽게 처리할 수 있다. 하지만, 고급 JSP 프로그래밍을 위해서는 아직 servlet programming에 대해서 기본적인 지식을 공부해 두는 것이 도움된다.

4) JSP와 클라이언트 측(client-side) 언어와의 비교

자바스크립트 및 비주얼베이직 스크립트 등을 비롯한 많은 클라이언트 측 언어에 대해서 JSP의 기능 및 역할을 비교하는 경우 서로 다른 용도와 목적으로 사용되므로 직접적인 비교는 어렵다고 할 수 있다. 즉, 역할이 중복되지는 않기 때문에 클라이언트 측 스크립트와 서버측 스크립트인 JSP를 동시에 독립적으로 사용 가능하다. JSP는 클라이언트가 아닌 웹서버(server)를 제어하는 스크립트 언어이고, 자바스크립트와 같은 클라이언트 측 스크립트 언어는 사용자의 웹 브라우저를 직접적으로 제어하는 언어라 할 수 있다. 따라서, 서버측 언어인 JSP가 보다 풍부한 구문을 제공(richer language)한다. 자바스크립트는 이름은 유사하지만 애초에 태생이 다르기 때문에 JSP와 상당히 다른 특징을 갖는다. 예를들면, 전적으로 인터프리팅 방식에 의해 수행되는 것이나, 이식성이 적은(즉, portable하지 않은) 특징이 있다. JSP는 컴파일된 코드로 실행되며, 플랫폼에 독립적이므로 이식성이 좋고(portable) Java 언어를 통해서 HTML을 생성한다.

5) JSP과 기존 HTML

정적인 언어와 동적인 언어의 차이다. HTML 만으로는 개발자가 처음 기술해놓은 페이지 외에는 사용자에게 보여줄 수 있는 것이 없다. 하지만, JSP와 같은 언어를 사용함으로서 서버의 행위(behavior)를 입력에 따라 다르게 프로그래밍할 수 있으며, 그에 따라서 다양한 데이터들을 실시간으로 조합하고 계산하여 매번 새로운 동적인 데이터를 생성해 사용자에게 전달할 수 있게 되었다. 오늘날, 웹사이트에 이와 같이 동적인 기능을 부여하는 것은 더 이상 선택이 아닌 필수요소가 되었다.

6. JSP와 기본요소

스프링 프레임워크를 이해하기 위해서는, 우선 JSP 스크립트 언어에 익숙해져야 한다. 스프링 프레임워크가 기본적으로 JSP 스크립트와 JAVA 언어에 대한 지식을 필요로 하기 때문이다. 본서에서는 JSP에 대한 지식이 없는 독자들이라 할 지라도 큰 어려움 없이 스프링 프레임워크를 학습할 수 있도록 JSP 스크립트의 주요 개념들을 간략히 정리하도록 하겠다.

5.1 지시자(directive element)

지시자(directive)는 JSP 컨테이너에게 JSP 페이지에 대한 정보를 제공하는 요소이다. 세 가지 지시자가 이용가능한데 page, include 그리고 taglib가 그것이다. 어떤 한 JSP 페이지는 여러 개의 page와 include 지시자를 포함할 수 있다. 지시자는 해당 페이지에 대한 전체적인 정보를 담기 위해 사용된다. 언어(language), 임포트(import statement) 등 다양한 옵션을 지정할 수 있다.

1) page 지시자

Page 지시자는 페이지 속성을 기술할 때 사용된다. JSP 지시자는 JSP 페이지에서 JSP 컨테이너에게 해당 페이지를 어떻게 처리할 것인가에 대한 페이지 정보를 알려주는데 사용된다. 페이지 지시자의 JSP 스타일 형태는 다음과 같이 ""〈% "" 표현에 뒤이어 ""@""문자를 사용한다.

```
〈%@ page 속성 %〉
```

이 때, ""〈%@"" 부분과 ""page"" 키워드 사이에 따라오는 공백은 반드시 필요한 것은 아니지만, 가독성(readability)을 향상하기 위해서 관례적으로 사용한다. 따라서, 이책의 독자들도 위와 같이 사용하기를 추천한다. 추가적으로 위의 page 지시자를 XML 스타일로 사용할 수도 있다.

〈jsp:directive.page 속성 /〉

HTML 속성을 기술할 때 사용하는 형태와 유사하게 JSP에서 속성을 설정할 때에도 ""이름/값""의 형태로 등호(equal)부호를 중간에 두는 형태로 기술한다. 아래 테이블은 가장 많이 활용되는 page 지시자의 속성 이름과 그 의미에 대해서 기술하였다.

표 4 page 지시자의 속성과 그 의미

속성	뜻
import	특정한 자바 패키지를 해당 JSP 페이지로 임포트시킬 때 사용한다. 일반적으로 Java 프로그래밍에서 사용하는 방식과 마찬가지로, 사용하고자 하는 기능을 지원하는 자바 패키지의 특정 클래스를 임포트하거나 패키지 전체를 임포트할 수 있다. 또한, 여러 개의 패키지 구문을 콤마(comma)를 사용하여 한 개 구문에 통합할 수 있다. 예를들면, import=""java.io.*, java.util.*""과 같이 사용하면 된다.
session	해당 페이지가 세션에 참가하는지의 여부를 결정한다. 세션(session) 지시자의 올바른 속성값은 참(true)/거짓(false)으로 기술된다. 만약, 세션 값이 참(true)인 경우, 해당 페이지가 세션에 참가한다. 거짓(false)인 경우, 해당 페이지는 어떠한 세션 정보에도 접근할 수 없다.
isThreadSafe	컨테이너가 요청을 동시다발적으로 페이지에 전달할 수 있는지에 대한 속성이다. isThreadSafe에 대한 올바른 속성값은 참/거짓의 boolean 타입이며, 기본값은 참(true)이다. 참인 경우 컨테이너는 특정 JSP 페이지에 대해서 동시에 여러 개의 요청이 들어오는 경우, 이전 요청에 대한 처리가 아직 끝나지 않았다 하더라도 새로운 쓰레드에 해당 요청을 전달한다. isThreadSafe 속성을 거짓을 설정한 경우, 컨테이너는 한번에 하나씩 요청을 전달한다. 즉, 요청이 들어온 순서대로 저장(queing)했다가 순차적으로 처리한다. 따라서, JSP 페이지 개발자는 공유자원에 대한 접근을 쓰레드 사이에 적절하게 동기화할 수 있도록 작성해야 한다. 정리하면, isThreadSafe 속성을 참으로 설정하여 JSP를 작성하고 이를 운용하는 것이 동시에 여러 요청을 처리할 수 있게 되므로, 보다 웹 서버 성능을 향상할 수 있는 방안이라 할 수 있다.
Info	해당 페이지를 설명하는 임의의 문자열을 입력하면 된다. 일반적으로 웹사이트 규모가 커지게 되면 JSP 페이지의 개수가 늘어나게 되는데, 이 때 향후 유지보수를 용이하게 하기 위해서 페이지의 작성 목적, 이름 등을 기술하는 데 이 속성을 사용한다.

속성	뜻
errorPage	페이지 내에서 에러가 발생했을 때 사용자 웹 브라우저에 보여줄 웹 페이지의 URL을 적는다. 상용 웹 사이트의 경우는 일반적으로 페이지 처리중에 에러가 발생하더라도 톰캣 등의 웹 서버에서 기본적으로 제공하는 에러페이지를 보여주기를 꺼려한다. 시스템의 보안 측면에서도 좋지 않고, 무엇보다 좀 더 프로페셔널한 웹 사이트가 되기 위해서는 에러발생시 특별히 준비해둔 화면을 통해 사용자로 하여금 유연하게 대처할 수 있도록 하는 것이 중요하다.
isErrorPage	현재 페이지가 에러 페이지인지 기술한다. 디폴트 값은 false이다.
contentType	현재 페이지의 컨텐트 종류를 정의한다. 컨텐트 종류 속성은 단순한 타입 스펙으로 표시하거나, 타입 스펙과 문자열 세트의 조합된 형태로 표기할 수 있다. JSP 스타일 JSP 태그를 위한 기본 값은 text/html이며, XML 스타일 JSP 태그는 text/xml 이다. 문자열 세트 설정을 함께 표현하기 위해서는 다음과 같은 형식으로 사용하면 된다. contentType=““text/html;charset=char_set_identifier”” 원하는 경우 세미콜론 다음에 공백문자를 삽입할 수 있으며, 문자열 세트는 JSP 코드내에 쓰여진 문자를 어떻게 엔코딩(encoding)하는가를 지시한다. 문자열 세트와 엔코딩에 관해서는 http://www.w3.org/TR/REC-html40/charset.html 사이트에서 정보를 얻을 수 있다.
pageEncoding	현재 페이지의 문자열 세트를 기술한다. JSP 스타일을 위한 기본값은 ISO-8859-1 (라틴 스크립트)이며, XML 스타일 페이지를 위한 기본값은 UTF-8(8비트 유니코드 엔코딩)이다.
language	페이지의 모든 스크립트 요소(scripting elements)에서 사용될 스크립트 언어(scripting language)를 지정한다. 모든 JSP 컨테이너들은 스크립트 언어로 Java를 지원하도록 요구된다.

임포트(Import) 속성

임포트 속성은 명시적으로 클래스 패키지(class package) 이름을 지정하지 않고도 JSP 페이지에서 참조되는 Java 클래스의 셋을 확장할 수 있도록 한다. 예를들어, 상속 속성에서는 javax.servlet.jsp.HttpJspPage 등과 같이 package이름을 완전한 패키지 경로명과 함께 명시적으로 지정해야 한다.

```
〈%@ page import=““java.util.List”” %〉
〈%@ page import=““java.util.*”” %〉
〈%@ page import=““java.util.List, java.util.ArrayList, java.text.*”” %〉
```

```
<%@ page import=""java.util.List, java.awt.List"" %>
<%@ page import=""java.util.*, java.awt.*"" %>
<%@ page import=""java.util.*, java.awt.List"" %>
```

기본적으로 java.lang, javax.servlet, javax.servlet.http, and javax.servlet.jsp가 자동적으로 임포트(import)된다.

contentType 속성

컨텐트 종류(contentType) 속성은 JSP 페이지에 의해 생성되는 응답의 MIME (Multipurpose Internet Mail Extensions) 타입을 지정한다. 예를들어, 출력 문서 형식을 XML 포맷으로 하거나, HTML 문서 중에서 ISO-8859-1의 문자셋을 사용하고자 한다면 다음과 같이 문서 종류(contentType) 속성을 설정하면 된다.

```
<%@ page contentType=""text/xml"" %>
<%@ page contentType=""text/html""; charset=ISO-8859-1"" %>
```

Extends attribute는 JSP 페이지가 자바 서블릿(Java servlet)으로 번역될 때, JSP 컨테이너에 의해서 사용되어지는 수퍼클래스(superclass)를 식별하도록 하는 속성이다.

```
<%@ page extends=""com.taglib.wdjsp.myJspPage"" %>
```

세션(Session) 속성

JSP 페이지에서 세션 관리를 할 것인지를 결정한다. 참(true)와 거짓(false)값으로 지정하며, 디폴트 값은 참(true)이다. 일단 세션 설정이 된 이후에는 그 다음에 호출되는 모든 페이지들이 세션(session)으로 관리된다. 따라서, 세션을 명시적으로 거짓(false)으로 세팅하게 되면 약간의 성능향상을 가져올 수 있다.

```
<%@ page session=""false"" %>
```

버퍼 속성은 JSP 페이지에 대한 버퍼링 출력(buffered output)의 사용을 결정한다. 모든 JSP 구문이 HTTP 응답으로 곧바로 출력할 수 있으려면 이 속성을 사용안함(none)으로 세팅해야 한다.

```
〈%@ page buffer=““none”” %〉
```

또한, 아래와 같이 페이지 버퍼 크기 설정을 하면 원하는 크기의 출력 버퍼(output buffer)를 킬로바이트(kilobyte) 단위로 지정할 수 있다.

```
〈%@ page buffer=““12kb”” %〉
```

자동 내림(Autoflash) 속성

자동 내림 속성을 이용하면 해당 웹서버의 출력 버퍼를 제어할 수 있다. 특히 이 속성은 페이지의 출력버퍼가 가득찼을때 JSP 컨테이너의 버퍼관리 스킴을 지정한다. 이 속성이 참(true)으로 설정되는 경우 출력 버퍼가 자동으로 플러시(flush)되고 현재 컨텐츠가 웹서버에 전송된다. 이 속성의 사용법은 다음과 같으며, 기본값은 참(true)다.

```
〈%@ page autoFlush=““true”” %〉
```

페이지 지시자의 예제

다음은 지금까지 논의한 다양한 지시자 옵션들 중에서 import, language, session, buffer, autoFlush, isThreadSafe, info, isErrorPage, errorPage 속성의 사용예를 보여준다.

```
〈%@ page contentType = “text/html;charset=euc-kr”
        import=“java.util.*”
        language=“java”
        session=“true”
        buffer=“8kb”
        autoFlush=“true”
```

```
        isThreadSafe="true"
        info="Copyright © Min Choi, All Rights Reserved"
        isErrorPage="false"
        errorPage="error.jsp"
%〉
〈html〉
〈head〉
〈title〉 지시자 옵션 테스트 〈/title〉
〈/head〉
〈body〉
〈/body〉
〈/html〉
```

그림 85 지시자 옵션 사용 예제

위 코드를 실행한 화면은 다음과 같다. 앞에서 살펴보았던 Hello World 예제와 비교할 때, 화면상에서 크게 눈에 띄는 차이점은 없다. 하지만, 내부적으로 자동내림(autoFlush) 및 세션, 에러발생시 나타나는 페이지 등을 설정하는 것을 비롯하여, 버퍼 크기와 자바 import 구문 등으로 다양한 지시옵션을 사용하는 것을 볼 수 있다. 또한, 한글 문자열을 출력하는데 문제가 없도록 contentType 옵션에서 ""text/html;charset=euc-kr""로 지정하였다. 이 부분이 없다면 한글을 출력하는데 문제가 생긴다.

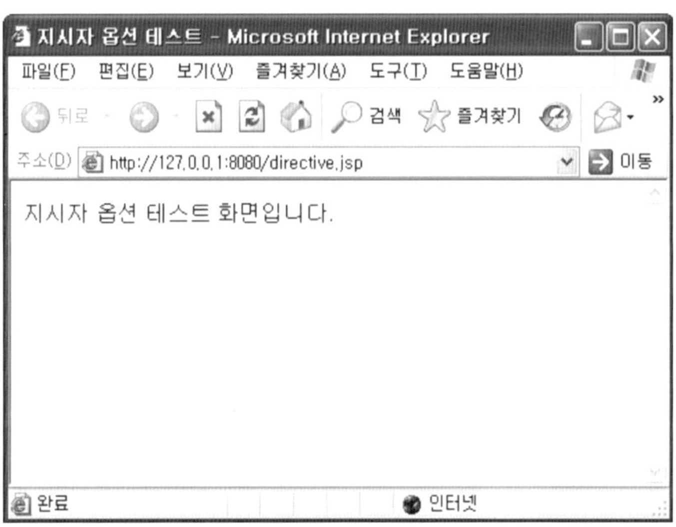

그림 86 지시자 옵션 테스트 화면

페이지 지시자 속성은 다음과 같이 둘 이상의 스크립트 시작 괄호 ""<%"" 와 ""%>""로 나누어 사용해도 동일한 효과를 지닌다. 따라서, 아래와 같이 페이지의 상단에서는 꼭 필요한 속성들만 설정하고 다른 일부 속성들은 차후에 설정할 수 있다.

```
<%@ page
contentType=""text/html;charset=euc-kr""
import=""javax.sql.*, java.util.*""
errorPage=""error.jsp""
%>
<%@ page import=""java.util.*"" %>
```

2) 포함(include) 지시자

포함(include) 지시자는 현재 페이지 내에서 다른 페이지의 내용을 포함하고자할 때 사용된다. 일반적으로 여러 JSP 페이지에서 공통적으로 사용되는 내용은 독립적인 파일로 저장한 후 필요한 페이지에서 간단히 포함시켜 사용할 수 있다. 포함 지시자는 다음과 같은 형태로 사용한다.

```
<%@ include 속성 %>
```

또한, XML 스타일로는 아래와 같이 사용한다.

```
<jsp:directive.include 속성 />
```

위의 XML 스타일 지시자 끝부분에서 속성 다음에 따라오는 ""/>"" 부분은 한줄 지시자를 위한 용도이다. 원래, XML 문법에서는 특정한 태그의 시작과 끝을 나타내는 문법을 제공하는 데 예를들면 다음과 같다.

```
<jsp:directive.include 속성>
</jsp:directive.include>
```

하지만, include 속성을 설정하는 것과 같이 간단하게 기술되는 태그의 경우는 한줄에 모든 내용을 마무리할 수 있으므로 간편하게 한줄 표시 문법으로 끝부분에 슬래쉬(/)를 넣어 사용한다.

포함 지시자는 여러 JSP 페이지에서 사용되는 공통적인 내용을 별도의 파일로 저장한 후이를 필요로 하는 페이지에서 간단히 이 페이지를 include 하는 방법으로 개발할 수 있도록 한다. 이러한 방법은 웹사이트 구축에 있어 반드시 필요하다. 만약, 공통적으로 사용되는 내용을 매번 해당 페이지에 작성한 경우, 향후 변동사항이 발생하면 해당 내용이 기술되어 있는 모든 페이지를 따라가며 수정해야 하기 때문이다. 즉, include 태그를 적절하게 활용하는 것은 JSP 페이지를 재사용할 수 있으며, 유지보수 부담을 줄인다. 아래 표에 나타난 예제는 include 태그를 사용하여 content.jsp 파일을 불러들여 화면에 표시한다.

```
<%@ page contentType="text/html;charset=euc-kr" %>
<HTML>
<HEAD><TITLE> </TITLE></HEAD>
<BODY>
<H2> include test </H2>
<HR>
<%@ include file="content.jsp" %>
</BODY>
</HTML>
```

포함 지시자 사용 예제 : top.jsp

```
<%@ page contentType="text/html;charset=euc-kr" %>
<HTML>
<HEAD><TITLE> </TITLE></HEAD>
<BODY>
<H2> Content </H2>
이 부분은 content.jsp 파일 내에 쓰여진 내용입니다.
</BODY>
</HTML>
```

포함 지시자 사용 예제 : content.jsp

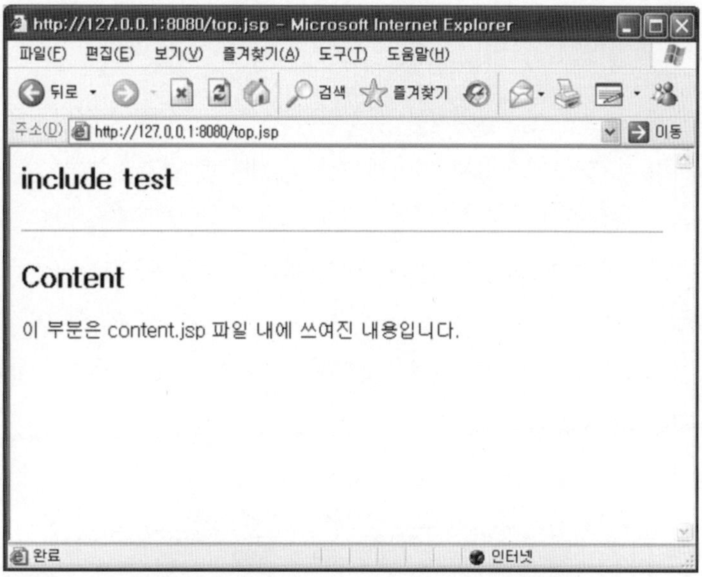

그림 87 포함 지시자 사용 예제 실행 화면

실제로 include 태그는 웹 페이지의 상단에 위치하는 사이트 제목과 메인 메뉴, 그리고 하단에 위치하는 회사 소개 및 안내문 등을 표시하는데 주로 사용된다. 이러한 페이지들은 한 웹 사이트의 거의 모든 페이지에서 공통적으로 사용되는 페이지이므로 여러페이지에 이들을 각각 코딩하지 않고 한번 작성된 페이지를 다른 JSP페이지에서 불러오는 형태로 사용한다.

5.2 액션 태그

JSP에서 액션 태그는 스크립트 요소, 주석, 지시자와 함께 JSP 문법에 속하는 태그이다. 어떤 동작 또는 액션이 일어나는 시점에 페이지와 페이지 사이에 제어를 이동시킬 수 있다. 액션 태그의 종류는 include, forward, plug-in, useBean, setProperty, getProperty의 6가지가 있다.

1) 포함(include) 액션태그

포함(include) 액션태그는 포함 지시자와 공통적으로 다른 페이지를 현재 페이지에 포함시킬 수 있는 능력을 가진다. 하지만, include 지시자는 단순히 JSP 소스코드의 내용이 텍스트로 포함되는데 반해, include 액션 태그는 포함시킬 페이지의 HTML 처리 결과를 포함한다는 특징이 있다. 이 때, 포함시킬 수 있는 대상으로는 HTML 뿐만 아니라 서블릿과 JSP도 가능하다. Flush 속성은 포함될 페이지로 이동할 때 현재 페이지가 지금까지 출력버퍼에 저장한 결과를 어떻게 할 것인지를 결정한다. 만약, flush 속성이 true인 경우 페이지 내용을 삽입하기 이전에 지금까지 버퍼에 저장한 내용을 출력하도록 한다.

다음은 include 액션 태그를 사용한 예제이다. 우선, 웹 브라우저에서 includeact.html 파일을 띄운다. 이 때 화면에 아래와 같은 텍스트 입력박스와 Send 버튼이 나타난다. 여기에 임의의 문자열을 넣고 Send 버튼을 누르면 includeaction1.jsp 페이지가 처리되지만, 이 과정에서 includeaction2.jsp 파일이 include 액션 태그에 의해서 호출되어 실행한 후 그 결과값을 최종 결과에 포함하게 된다.

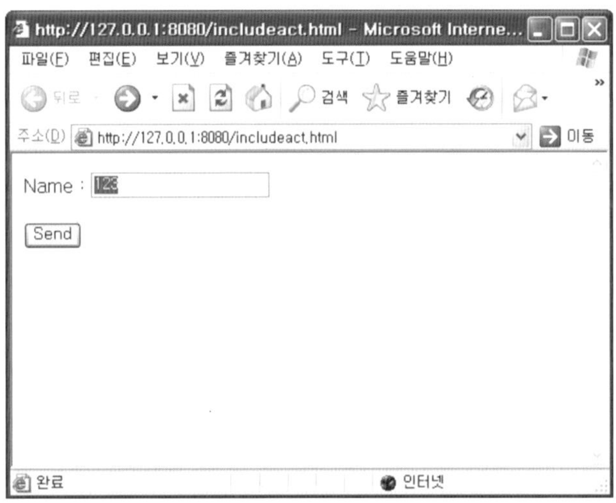

그림 88 포함 액션 태그 사용 예제 화면

```
<html>
<body>
<FORM METHOD=POST ACTION="includeaction1.jsp">
Name : <INPUT TYPE="text" NAME="name"><p>
<INPUT TYPE="submit" VALUE="Send">
</FORM>
</body>
</html>
```

포함액션 사용 예제 : includeact.html

```
〈%@ page contentType="text/html;charset=EUC-KR"%〉
〈%
request.setCharacterEncoding("euc-kr");
String name = ""; %〉
〈html〉
〈body〉
〈jsp:include page="includeaction2.jsp" /〉
includeaction1.jsp의 내용입니다.
〈/body〉
〈/html〉
```

포함액션 사용 예제 : includeaction1.jsp

```
〈%@ page contentType="text/html;charset=EUC-KR"%〉
〈%
String name = request.getParameter("name");
%〉
Includeaction2.jsp의 내용입니다. 〈p〉
〈b〉input name = 〈%=name%〉〈/b〉
〈hr〉
```

포함액션 사용 예제 : includeaction2.jsp

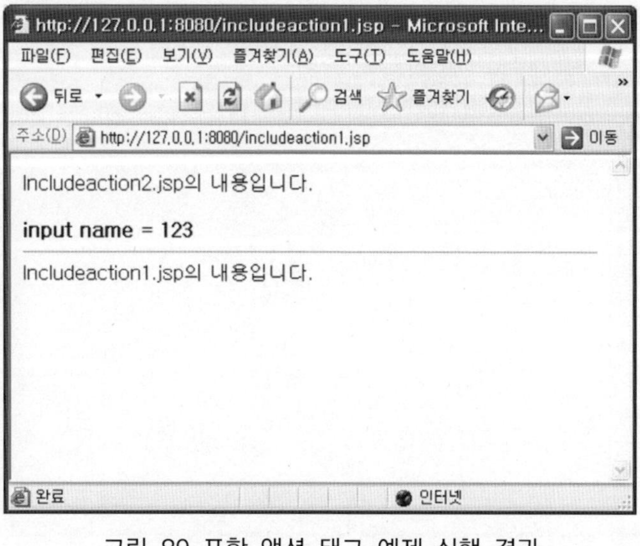

그림 89 포함 액션 태그 예제 실행 결과

2) 전달(forward) 액션 태그

JSP 페이지 실행중에 다른 페이지로 이동할 때 사용한다. 전달 액션 태그를 만나게 되면 현재 페이지에의 내용은 무시하고 전달 태그가 지정하는 다른 페이지로 이동한다. 전달 액션 태그는 주로 사용자의 선택에 따라서 여러 페이지로 이동하는 경우 사용한다.

```
〈jsp:forward page="“local URL”"〉〈/jsp:forward〉
〈jsp:forward page="“local URL”" /〉
〈jsp:forward page='〈%= expression %〉'/〉
```

전달 액션 태그는 〈jsp:forward〉 ~ 〈/jsp:forward〉와 같이 한 쌍으로 사용하거나, 한줄에 〈jsp:forward /〉 구문으로 사용할 수 있다. 또한, 이동할 JSP 페이지 이름을 동적으로 변경할 수 있도록 변수값으로 지정할 수도 있다. 다음 그림 90은 전달 액션 태그의 사용 예제이다. Forwardact.html 파일을 웹 브라우저로 읽어들이면 다음과 같은 텍스트 입력박스와 버튼이 나타나는데, 원래는 버튼이 눌렸을 때forwardaction1.jsp 파일을 로드하게 되어있으나 forwardaction1.jsp 파일 중간에서 forward 액션태그가 호출되므로, 기존 파일의 내용을 무시하고 forwardaction2.jsp로 이동하여 해당 파일을 화면에 보여준다.

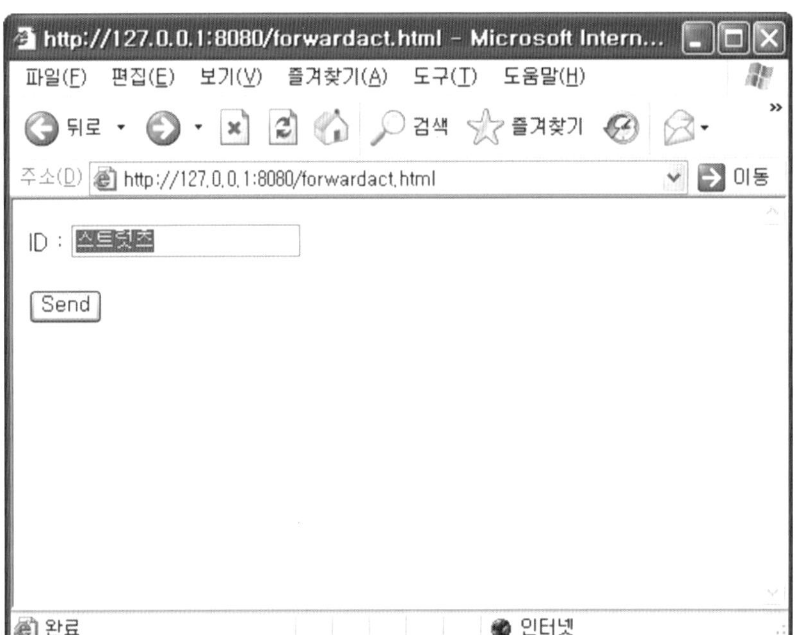

그림 90 전달 액션 태그 사용 예제 화면

```
<html>
<body>
<FORM METHOD=POST ACTION="forwardaction1.jsp">
ID : <INPUT TYPE="text" NAME="name"><p>
<INPUT TYPE="submit" VALUE="Send">
</FORM>
</body>
</html>전달액션 사용 예제 : forwardact.html
```

```
<%@ page contentType="text/html;charset=EUC-KR"%>
<%
request.setCharacterEncoding("euc-kr");
%>
<html>
<body>
forwarding 하기 이전 페이지입니다.
<jsp:forward page="forwardaction2.jsp"/>
</body>
</html>전달액션 사용 예제 : forwardaction1.jsp
```

```
<%@ page contentType="text/html;charset=EUC-KR"%>
<%
String name = request.getParameter("name");
%>
당신의 이름은 <b><%=name%></b>입니다.<p>전달액션 사용 예제 : forwardaction2.jsp
```

따라서, 실행결과(그림 91)는 forwardaction1.jsp에 있는 ""forwarding 하기 이전 페이지입니다."" 문자열이 출력되는 것이 아니고, forwardaction2.jsp에 있는 ""당신의 이름은 스트럿츠입니다."" 라는 문자열이 나타나게 된다.

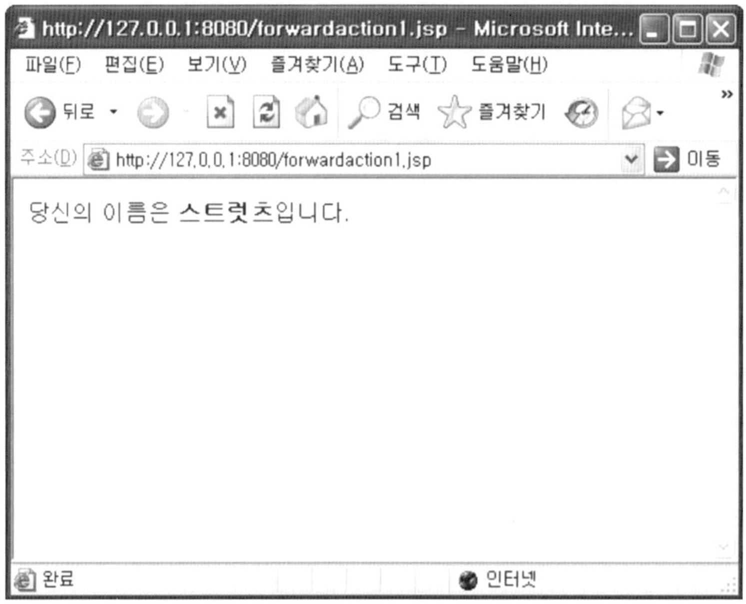

그림 91 전달액션 사용 예제 실행 결과

3) plug-in 액션 태그

JSP페이지가 웹 브라우저의 종류에 따라 맞는 자바 플러그인을 위한 HTML태그를 생성하도록 한다. 플러그인 태그는 자바 플러그인(Java Plug-in)을 사용하여 자바 애플릿을 JSP페이지에서 실행할 때 사용한다. JSP컨테이너는 〈jsp:plugin〉 액션 태그를 브라우저에서 인식할 수 있는 태그로 변환하여 브라우저가 자바 플러그인을 사용하여 자바 애플릿을 실행하도록 한다. 자바 애플릿의 경우는 최근들어 그다지 많이 사용되지 않는 테크닉이므로 본 서적에서 굳이 설명을 하지는 않는다.

4) 태그(tag) 지시자

현재 JSP 페이지에 사용할 커스텀 태그 라이브러리를 지정한다. 대표적인 커스텀태그 라이브러리로는 JSP 표준 태그 라이브버리인 JSTL(JSP Standard Tag Library)이 있다. 태그라이브러리를 활용하면 JSP 페이지 내에 반복적인 코드를 줄일 수 있다. 기본 형식은 다음과 같다.

```
〈%@ taglib uri=““/META-INF/mytag. tld”” prefix=““mytag”” %〉
```

5.3 스크립트(Scripting) 요소

스크립트 요소는 JSP에서 자바 코드를 기술하기 위해 사용된다. 선언부(declaration)와 스크립트릿(scriptlet)으로 나뉘어지는데 선언부에서는 변수 및 메소드에 대한 선언을, 스크립트릿에서는 선언된 변수나 메소드의 사용과 같은 일반적인 자바구문을 기재한다.

선언(Declarations)부

클래스 전역에서 통용되는(class-wide)변수와 메소드를 정의할 수 있도록 하는 영역이다. JSP소스코드 상에서 선언부임을 나타내기 위해서는 JSP의 괄호 ""〈%"" 다음 !를 넣어줌으로서 가능하다. 변수를 선언하는 방법은 다음과 같다.

```
〈%! private int x=0, y=0; private String units = ""ft""; %〉
```

private의 접근권한으로 정수형 변수 x와 y를 선언하고 각각 0으로 초기화하고 있다. 또한, 역시 private의 접근권한으로 문자열 변수 units를 선언하고 ""ft""로 대입하였다. 이러한 두개의 변수 선언은 일반적인 자바 프로그램에서 사용하는 것과 동일하며, 문장 끝이 항상 세미콜론으로 끝나는 것도 동일하다. 따라서, 한 줄에 여러 개의 변수 선언부를 입력할 수 있으나, 아래와 같이 줄바꿈을 통해 가독성(readability)를 향상시키는 편을 추천한다.

```
〈%!
private int x=0, y=0;
private String units = ""ft"";
%〉
```

선언부에 정의된 변수는 JSP 페이지가 컴파일러에 의해서 변환(translate) 될 때, 서블릿(servlet) 클래스 코드내에 변수로 추가된다.

메소드 선언 또한 앞서 살펴본 변수선언 방식과 유사하다. 선언된 메소드는 JSP 페이지가 컴파일(compile)되는 과정에서 될 때, 서블릿 클래스상에 메소드로 추가된다.

```
〈%!
public long fact(long x) {
```

```
if  (x==0) return 1;
else return x * fact(x-1);
}
%>
```
JSP에서 사용하는 팩토리얼(factorial) 계산용 자바 함수

다음 소스코드는 팩토리얼(factorial)을 계산하는 자바 메소드로서, 일반적인 자바 프로그의 메소드정의와 동일하다. 인자로 입력된 long 타입 변수로부터 1씩 감소해 나가면서 메소드 자신을 재귀적(recursive)으로 호출하는 것이다. 이 때, long 타입 변수의 값이 0이 되는 순간 리턴함으로써 재귀적으로 호출된 x-1개 메소드들이 한꺼번에 리턴되어 팩토리얼 값을 계산하는 원리이다. 다음은 하나의 완전한 JSP의 선언구문의 활용 예제 프로그램을 살펴본다.

```
<%@ page import = "java.util.Date" %>

<%!
int sum=0;
   private int AddToCount(int X) {
         sum = sum + X;
         return sum;
    }
%>

<html>
<body>
<h1>Declaration Example</h1>

sum value = <%= sum %> <br>
<% AddToCount(3); %>
sum value = <%= sum %> <br>

</body>
</html>
```
완전한 JSP 선언구문을 갖는 예제 소스코드

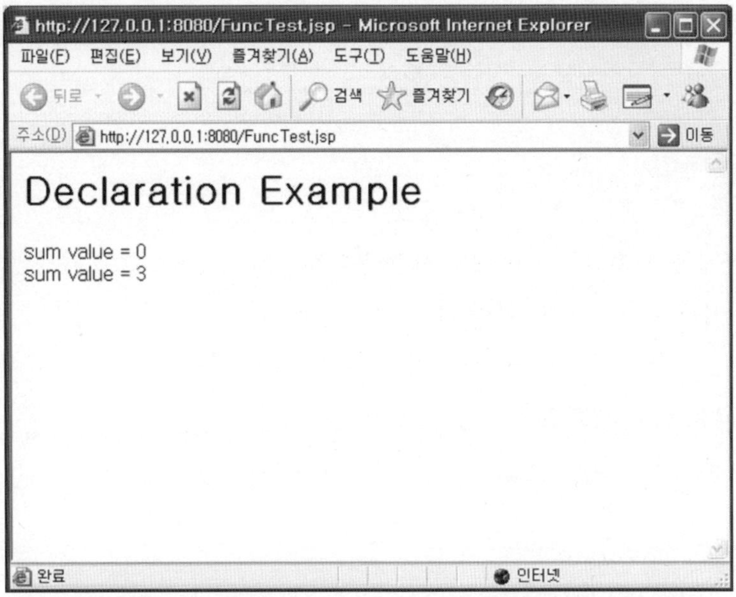

그림 92 JSP 페이지에서 함수 정의 및 호출 방법에 대한 결과

페이지 임포트(import) 구문에서 불러들인 java.util.Date 클래스는 날짜 및 시간에 대한 처리를 할 수 있는 다양한 메소드가 제공된다. 위 코드의 앞부분에 정수형 변수 sum와 메소드 AddToCount()를 선언하였다. 이와 같이 정의된 변수와 메소드는 JSP 페이지 내에서 스크립트릿(scriptlet)이라 불리우는 형태로 호출하여 사용할 수 있다. 스크립트릿은 일반적인 Java 코드 블록(code block)에 해당하는 것으로, 서블릿으로 변환될 때 변환된 서블릿의 _jspService() 메소드에 구현된다. 일반적으로 JSP 페이지 프로그래밍에서 가장 많이 사용되는 태그이며, 이곳에서 변수를 선언하는 경우 로컬변수(local variable)로 선언된다. 앞서 언급한 JSP의 선언구문(""<%!"")에서 변수를 선언하는 경우 클래스 단위의 전역변수로 잡히지만, 스크립트릿에서 선언하는 변수는 로컬(local) 영역에 해당한다. 따라서, 스크립트릿에서는 자체적으로 선언한 로컬변수 이외에도 JSP 선언(declaration)부에서 선언한 전역변수들을 접근할 수 있다. 이에 추가적으로, 스크립트릿(scriptlet)은 서블릿 객체들을 액세스할 수 있는 특징이 제공된다. 서블릿 객체라 함은 웹 서버 응용에서 클라이언트로부터의 요청(request)와 이에 대해 JSP 페이지의 실행과정에서 생성되는 응답(response)를 의미한다. 이러한 요청과 응답은 각각 Request, Response라는 두개의 클래스 객체로 묶여져 사용된다. 그리고, 출력 스트림으로 Out 객체도 함께 지원된다. 예를들어, 클라이언트가 웹 페이지를 요청할 때, 인자로 기술한 LASTNAME의 값을 읽어들여 응답페이지에 값을 쓰고자 하는 경우 다음과 같은 구문을 사용한다.

```
<%
String nameVal = request.getParameter(""LASTNAME"");
out.println(nameVal);
%>
```

변수값을 문자열 로컬변수 name에 저장하여 output stream으로 해당 값을 찍어주면 최종적으로 사용자의 웹브라우저상에 값이 출력된다.

```
String age = request.getParameter("name");

out.write("\r\n\t");
out.write("<html>\r\n\t");
out.write("<head>\r\n\t");
out.write("<title>Request-Response 객체 메소드 테스트</title>\r\n\t");
out.write("</head>\r\n\t");
out.write("<body>\r\n\t");
out.write("<table>\r\n\t");
out.write("<tr>\r\n\t");
out.write("<td>\r\n\t");
out.write("당신의 이름은");
out.write(nameVal);
out.write("입니다\r\n\t");
out.write("</td>\r\n\t");
out.write("</tr>\r\n\t");
out.write("</table>\r\n\t");
out.write("</body>\r\n\t");
out.write("</html>\r\n\t");
```

하지만, HTML 스크립트는 물론이고 자바변수 값 하나를 출력할 때마다 이와 같이 out.write() 코드를 기술하는 것은 약간의 불편이 따르기에, 스크립트릿에서는 표현(expression)태그를 사용하여 다음과 같이 보다 간단하게 변수값을 웹페이지 상에 출력으로 내보낼 수 있다.

```
〈%= 변수명 %〉
```

표현 태그에 들어갈 변수는 변수선언부(““〈%!””)에서 선언한 변수나 스크립트릿 내부에서 로컬변수로 지정한 변수들이 모두 가능하다.

```
〈P〉
The user's last name is 〈%= nameVal %〉
〈/P〉
```

따라서, 위와 같은 형태로 JSP페이지 내에서 HTML 코드와 자바변수의 출력기능을 보다 간략하고 손쉽게 이용할 수 있다. 이 때, 주의할 점은 표현태그에서는 문장의 끝에 세미콜론을 붙이지 않는다는 사실이다. 문장 끝에 세미콜론을 넣는 것은 일반적인 자바 개발자라면 몸에 배어있는 습관이므로 JSP 프로그램을 처음 접할 때 흔히 발생하는 실수에 해당한다.

〈!—OUTPU COMMENT -- 〉 HTML 소스에서 보이는 주석		
〈%-- page comment -- %〉	사용자의 브라우저에 보이지 않는 주석	
〈%! Declaration %〉	이 페이지에서 유효한 변수 선언	
〈% scriptlet %〉	자바 코드 : 가장 많이 사용 됨	

5) 선언(declaration)부

클래스 수준에서 사용되는 변수와 메소드를 선언하기 위해 Java 코드를 기술하는 부분이다. ““〈%”” 괄호 다음 곧바로 ““!”” 문자를 이어 사용한다.

선언의 형태로 정의된 변수는 JSP 페이지가 번역하고 컴파일할 때, Servlet 클래스의 변수가 된다.

```
〈%! private int x=0, y=0; private String units = "ft"; %〉
```

선언의 형태로 정의된 메소드는 JSP page가 translate되고 compile될 때, Servlet 클래스의 메소드가된다.

```
<%!
public long fact(long x) {
if  (x==0) return 1;
else return x * fact(x-1);
} %>
```

위의 public long fact() 메소드가 내부에서 사용하는 x 변수는<%! ~ %>의 선언부에서 private int 타입으로 선언된 것을 알 수 있다.

다음 예제는 내부에서 사용되는 sum 변수가 선언부에 정의되고 AddToCount() 메소드에서 이 변수값에 지정된 수 만큼 더하는 형태의 코드를 보여준다. 처음 <%=sum%>을 통해 화면에 표시한 sum 변수 값과 AddToCount() 메소드가 호출된 후에 변수값이 출력되었을 때 그 차이를 확인한다. 본 예제에서는 AddToCount() 메소드에 인자로 3의 값을 전달하였기 때문에 그림 94와 같이 0에서 3으로 값이 변화한 것을 알 수 있다.

```
<%@ page import = "java.util.Date" %>
<%! int sum=0;
    private int AddToCount(int X) {
        sum = sum + X;
        return sum;
    }
%>

<html>
<body>
<h1>Declaration Example</h1>
sum value = <%= sum %> <br>
<% AddToCount(3); %>
sum value = <%= sum %> <br>
</body>
</html>
```

그림 93 AddToCount() 메소드 호출 JSP 예제

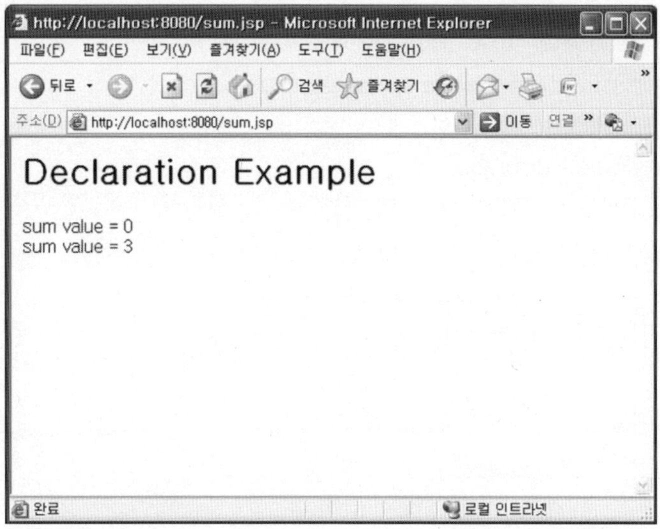

그림 94 AddToCount() 메소드 호출 활용 예제 실행 화면

6) 스크립트릿(scriptlets)

Java code의block이 외부 호출을 가능하게 함, ""〈%"" 괄호 다음 아무런 문자도 사용하지 않으면 스크립트릿으로 기술하게 된다.

=Expression : 값이 출력되도록 함

Actions : To modify runtime behavior

주석(comment)

주석문은 개발자가 소스코드에 대한 설명을 기술하기 위해서 사용하는 구문으로 프로그램 수행에는 영향을 미치지 않는다. HTML에서 사용되는 주석은 다음과 같다.

```
〈!--
HTML 주석문 입니다.
--〉
```

HTML 주석문은 그대로 클라이언트의 웹 브라우저에 전달된다. 즉, 웹 브라우저에서 페이지에 대한 HTML 소스보기를 수행하면 소스코드에 포함되어 있다. JSP에서 사용하는 주석은 아래와 같다.

```
<%--
JSP 주석문 입니다.
--%>
```

JSP 코드에서만 보인다. 서블릿 코드나 사용자 웹 브라우저 상의 응답화면에는 보이지 않는다. JSP 주석문은 JSP 페이지 소스코드가 컴파일 되는 과정에서 바이트코드에 기록되지 않으므로 JSP 소스코드 수준에서만 확인된다.

일반 자바 프로그래밍에서 사용되는 주석문 역시 JSP에서 사용할 수 있다. JSP 주석문과 마찬가지로 JSP 소스코드에서만 확인 가능하고 사용자가 웹브라우저상에서 확인할 수는 없다. 이러한 일반 JAVA 주석문은 JSP의 ""<% %>"" 괄호내에서만 사용해야 한다.

```
<%
/* 일반 JAVA 주석문 입니다. */
%>
```

위와 같은 세가지 주석문을 활용한 예제를 통해 사용자 웹 브라우저에서 보여지는 결과에 대해서 살펴보도록 한다.

```
<!-- HTML 주석입니다. 사용자의 웹 브라우저에서 표시됩니다. -->
<html>
<head>
<title> 주석문 테스트 </title>
</head>
<%-- JSP 주석입니다. 사용자의 웹 브라우저에서는 확인할 수 없습니다. --%>
<body>
<table>
<% /* 일반 JAVA 주석문입니다. 사용자 웹 브라우저에서 볼 수 없습니다. */ %>
<tr>
<td>JSP Comment Test </td>
</tr>
</table>
</body>
</html>
```

위 JSP 소스코드를 톰캣 서버에 적용(deploy)하고 실행한 결과는 다음과 같다. JSP 주석과 JAVA 주석이 제거되고, 화면에는 HTML 소스코드와 HTML 주석만 확인 가능하다.

```
〈!-- HTML 주석입니다. 사용자의 웹 브라우저에서 표시됩니다. --〉
〈html〉
〈head〉
〈title〉 주석문 테스트 〈/title〉
〈/head〉
〈body〉
〈table〉
〈tr〉
〈td〉주석문 테스트 페이지 입니다. 〈/td〉
〈/tr〉
〈/table〉
〈/body〉
〈/html〉
```

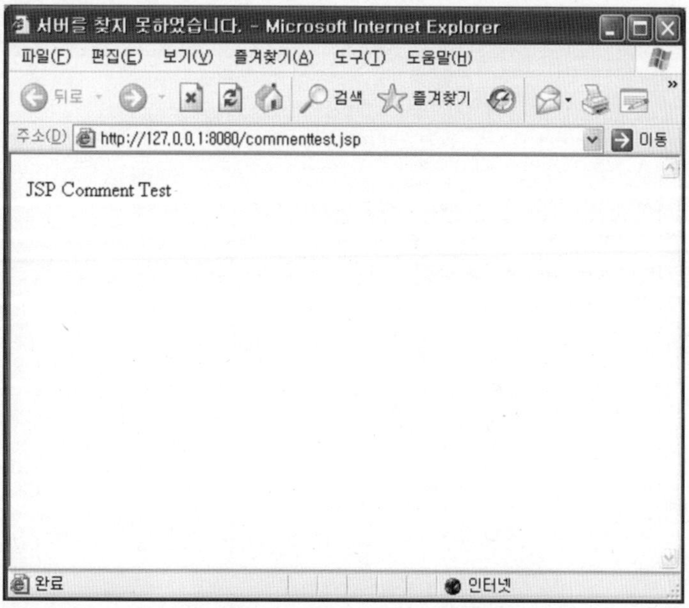

그림 95 주석문 테스트 결과

아래 예제는 일반적인 자바 프로그래밍에서 사용되는 java.util 패키지의 Date 클래스를 이용하여 현재 시간을 출력하는 JSP 예제이다. 이와 같이 JSP 페이지에서는 일반적으로 우리가 자바 프로그램을 작성할 때 사용하던 거의 대부분의 클래스들을 그대로 활용할 수 있다는 장점이 있다.

```
〈%@page import="java.util.Date"%〉
〈html〉
〈body〉
〈h1〉 include page example〈/h1〉
The current time is 〈%= new Date() %〉
〈/body〉
〈/html〉시간정보 표시 예제
```

이 코드를 실행하면 아래 그림과 같은 결과를 볼 수 있다. 현재시간으로 요일, 월, 일, 시:분:초 KST(한국 표준시), 연도의 형태로 출력된다. 출력형식은 자바 Date 클래스의 메소드를 적절히 활용하면 변환할 수 있다.

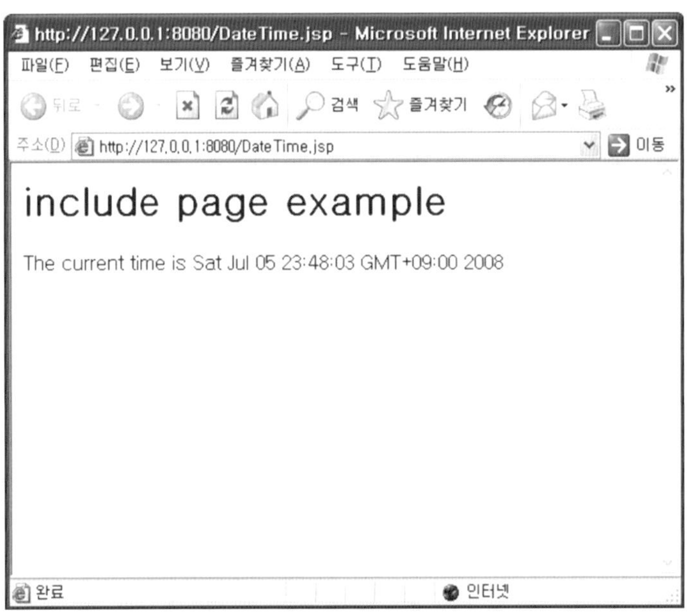

그림 96 시간정보 출력 예제 실행 화면

```
<html>
<BODY>
<H2> JSP Expressions</H2>
<UL>
<LI> 현재 시각: <%= new java.util.Date() %>
<LI> 호스트 이름: <%= request.getRemoteHost() %>
<LI> 세션 아이디: <%= session.getId() %>
<LI> 파리미터 <CODE>testParam</CODE>:
<%=request.getParameter("testParam")%>
</UL>
</BODY>
</HTML>
```

조건분기문

if-else문은 가장 일반적이고 많이 쓰이며 특정한 조건에 의해서 코드 실행의 블록를 조정할 수 있는 제어문이다.

반복문 - for, 반복문 - while

같은 반복문인데 언제 while문을 쓰고 언제 for문을 쓰는지 확인해 둘 필요가 있다. for 반복문은 배열과 같이 반복을 시작할 위치값과 반복을 종료할 경계값이 정해진 경우에 주로 사용한다. 반면, while문은 그 경계값의 범위를 알 수 없는 경우에 주로 사용한다. 반복을 수행하다 보면 언젠가는 조건을 만족하는 경우가 발생하는 경우 주로 사용한다. 웹 프로그래밍에서는 게시판의 글 목록과 같이 글이 몇 개인지 확실히 알 수 없는 경우에 많이 사용한다.

서버에서 웹 브라우저에 응답되는 페이지의 화면 출력 시 한글처리

```
<%@ page contentType="text/html;charset=euc-kr"%>
```

웹 브라우저에서 서버로 넘어오는 파라미터 값에 한글이 있는 경우(Post방식) 한글처리

```
〈% request.setCharacterEncoding(“euc-kr”);%〉
```

웹 브라우저에서 서버로 넘어오는 파라미터 값에 한글이 있는 경우(Get방식) 한글처리를 해주어야 한다.

> 톰캣홈\conf 폴더에 있는 server.xml 파일에 〈Connector〉태그의 속성에 URIEncoding=“EUC-KR”문장을 추가.

태그 라이브러리

프로그래머가 라이브러리 형태로 태그를 구축하고 다른 사용자는 내부적인 작동 방법이나 세부적인 내용을 알 필요없이 단순히 태그를 사용하는 것 만으로 태그 라이브러리가 제공하는 다양한 기능을 사용할 수 있다. 자바빈즈의 사용은 빈즈의 속성에 값을 쓰거나 읽는 것만 가능하고 메소드를 호출하려면 스크립트릿 안에서 자바 코드가 들어있어야 한다. 태그 라이브러리는 자체적인 별도의 사용법을 제공하며, 컴포넌트 형태로 제공된다.

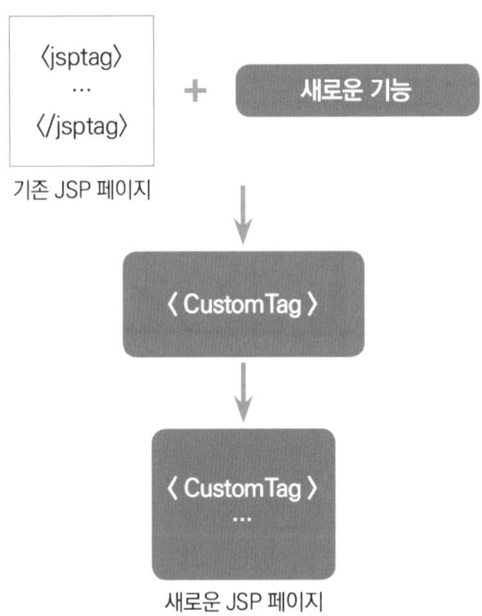

그림 97 커스텀 태그라이브러리의 동작 원리

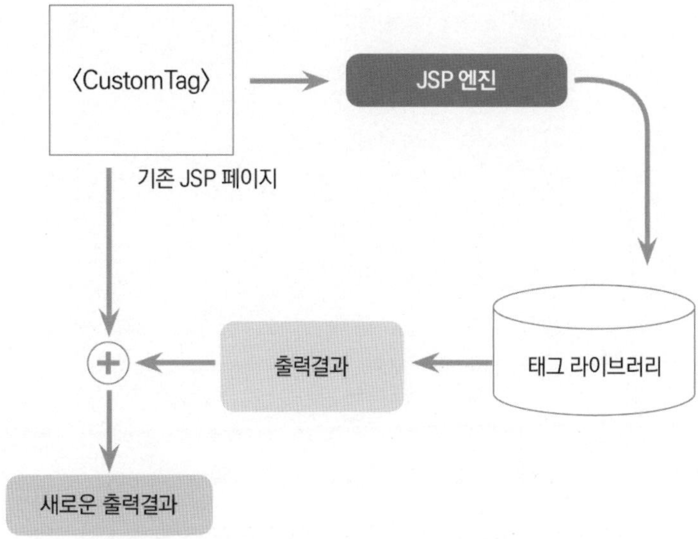

그림 98 커스텀 태그라이브러리의 요청처리 방식

태그 라이브러리는 다음과 같이 분류될 수 있다.

- 표준태그(standard tag) : JSP 표준을 만든 SUN사에서 미리 정의해 놓은 표준 태그이다.
- 커스텀 태그(custom tag) : 사용자 편의에 따라 만들어지는 태그로서, 단순하고 반복적인 작업을 단순하게 만들 수 있다. 예를들면, 웹 개발 작업에 있어 발생하는 테이블 작업이나, 공통적인 기능으로 구성된 반복적인 코딩작업의 경우 커스텀태그로 등록하고 이를 호출해 사용한다. 이를 통해, 표현영역(presentation layer)과 연산영역(implementation layer)를 분리할 수 있다. 예전 같으면, 웹 브라우저 화면 표현을 위해 반복적으로 들어가던 HTML 태그들이 사라지고 실제로 표현될 값과 몇 개의 커스텀 태그로 구성하기 때문이다. 결과적으로, 웹페이지의 일관성 및 재사용성이 향상된다.
- 커스텀 태그 라이브러리(custom tag library) : 사용자가 필요에 의해 정의한 커스텀 태그 들을 라이브러리 형태로 구성한 태그 집합이다.

실제로, 위와 같은 커스텀 태그를 활용하여 반복적인 일을 단순하게 처리하는 예제를 확인해 보도록 한다. 이 예제는 3X3 테이블을 작성하기 위한 웹 애플리케이션으로서, HTML 태그만을 이용한다면 수많은 단순한 태그의 반복적인 사용이 필요하다. 하지만, 커스텀 태그라이브러리를 이용하면 이와같은 일을 전담하는 특정 태그를 사용하여 간단히 구현 가능하다.

```
<table width="400" border="1">
<tr>
    <td> 1 </td>
    <td> 2 </td>
    <td> 3 </td>
</tr>
<tr>
    <td> 4 </td>
    <td> 5 </td>
    <td> 6 </td>
</tr>
<tr>
    <td> 7 </td>
    <td> 8 </td>
    <td> 9 </td>
</tr>
</table>
```

그림 99 커스텀 태그 라이브러리를 사용하지 않았을 때의 코딩

```
<jsptaglib:table row="3" column="3" width="400" border="1">
1;2;3;
4;5;6;
7;8;9
</jsptaglib:table>
```

그림 100 커스텀 태그 라이브러리를 사용하였을 경우의 코딩

커스텀 태그라이브러리를 사용하면 표현(presentation)과 연산(implementation)의 분리가 가능하다. 반복되는 문장을 웹페이지에 나타내기 위해 for문을 사용하고자 하는 경우, 이와 같은 for문은 내부적으로 사용되는 연산이므로 굳이 밖으로 내 보일 필요가 없다. 이때, JSP 태그 라이브러리를 이용하면 웹 디자이너는 웹 디자인에 익숙한 태그만으로 구성된 태그만으로 페이지를 작성할 수 있다. 프로그래머는 웹 페이지에서 작성하거나 수정할 필요 없이 연산하는 태그를 따로 만들어서 디자이너에게 넘겨줄 수 있다.

```
<% for (int i=0; i<9)
   {
%>
    이 문장은 <%= i %>번 반복됩니다. <br>
<%
   }
%>
```

그림 101 커스텀 태그 라이브러리를 사용하지 않았을 때의 반복문 코딩

```
<jsptaglib:for loop=9>
이 문장은 %s번 반복됩니다.
</jsptaglib:for>
```

그림 102 커스텀 태그 라이브러리를 사용하였을 경우의 반복문 코딩

또한, 태그라이브러리를 사용하면 웹페이지에 일관성을 제공할 수 있다. 웹페이지에 코드를 작성할 때 태그와 자바의 문법이 같이 나온다면 혼란이 올 경우가 많다. 따라서, 커스텀 태그를 이용하여 자바의 문법과 관련된 부분을 따로 빼서 구성하면 웹페이지가 태그 중심으로 깔끔하게 구성된다는 장점이 있다. 즉, 웹 프로그래머는 자신이 작성한 웹 페이지를 쉽게 이해할 수 있다. 또, 웹페이지를 보다 체계적으로 구성할 수 있다. 재사용성 측면에서도 커스텀 태그 라이브러리는 보통 jar파일 형식의 패키지형태로 배포되므로, 이 라이브러리를 JSP 컨테이너에 어떠한 변형 없이 설치를 하고 서버에 약간의 설정을 하면 설치된 서버에 있는 웹 페이지는 모두 이 라이브러리에 속한 태그를 사용할 수 있는 장점이 있다.

단원 연습문제

1. 다음 JSP 프로그램에서 Date 객체를 java.util.Date 의 형태로 사용하지 않고 Date 라는 이름만으로 사용하고자 할 때 소스코드에 추가해야 하는 작업은?

```
〈%@ page contentType=“text/html;charset=EUC_KR” %〉
〈html〉
〈head〉〈title〉단원 연습문제1〈/title〉〈/head〉
〈body〉
〈%
    java.util.Date today=new java.util.Date();
%〉
〈b〉오늘 날짜는 〈%= today.toString() %〉 입니다〈/b〉
〈/body〉
〈/html〉
```

2. 오늘의 날짜를 출력하기 위해서, 다음 빈칸에 적합한 문장은?

```
〈%@ page contentType=“text/html;charset=Shift_JIS” %〉
〈%@ page import=“java.util.*” %〉
〈html〉
〈head〉〈title〉단원 연습문제2〈/title〉〈/head〉
〈body〉
〈%
    Date today=new Date();
%〉
〈b〉현재 날짜는 〈%=              %〉입니다.〈/b〉
〈/body〉
〈/html〉
```

3. 내부적으로 정의된 상수(회사이름, 소프트웨어 이름)와 페이지 방문횟수(counter)를 웹페이지상에 출력하시오

```
<%@ page contentType="text/html;charset=Shift_JIS" %>
<%@ page import="java.util.*" %>
<%!
    final String COMPANY = "ABC Company Ltd.";
    final String SOFTWARE = "SuperServlet ver.1.0";
    int counter = 0;
%>
<html>
<head><title>단원 연습문제3</title></head>
<body>
                번째로 방문했습니다<p>
회사이름은                       이고,
                소프트웨어입니다.
</body>
</html>
```

4. 다음은 날짜(년/월/일, 요일)를 출력하는 프로그램이다. 빈칸에 알맞은 문장은?

```
<%@ page contentType="text/html;charset=Shift_JIS" %>
<%@ page import="java.util.*" %>
<%!
private String week(int n){
    String[] w={"월","화","수","목","금","토","일"};
    return w[n-1];
}
%>
<html>
<head><title>단원 연습문제4</title></head>
<body>
<%
    int y,m,d,n;
    Calendar calendar = new GregorianCalendar();
```

```
        y=
        m=
        d=
        n=
        out.println(y+"년"+m+"월"+d+"일"+"("+week(n)+")");
%>
</body>
</html>
```

5. 커스텀 태그 라이브러리에 대해 설명하시오.

자바 프로그래밍 기초부터 웹개발 응용까지

저　　자 : 최 민
발 행 처 : 충북대학교 출판부
발 행 인 : 김 수 갑
주　　소 : 28644 충북 청주시 서원구 충대로 1
전　　화 : (043) 261-2952, 3014
팩　　스 : (043) 274-1256
이 메 일 : presscbu@chungbuk.ac.kr
등　　록 : 제1983-2001-7호
초 판 1 쇄 : 2021.02.28
인 쇄 처 : 삼성디자인기획 042)221-3111

ISBN 978-89-7295-517-7 93560

값 18,000원

* 이 저서는 2020학년도 충북대학교 국립대학육성사업에 의하여 발간되었음.